U0754518

你的自律，给你自由

小椰子——著

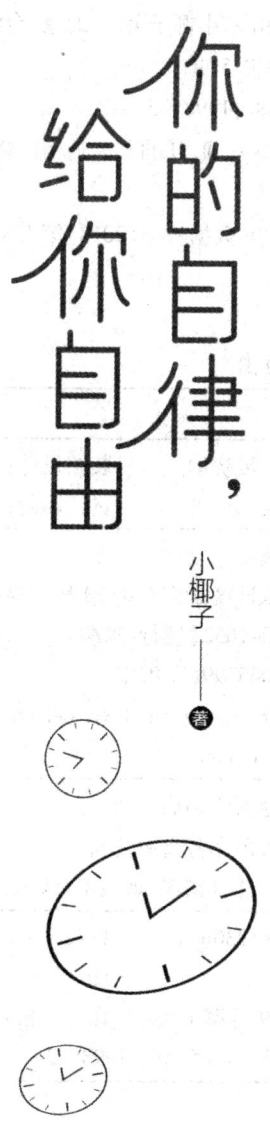

台海出版社

图书在版编目（CIP）数据

你的自律,给你自由 / 小椰子著. —北京:台海
出版社, 2018. 8（2020. 5 重印）

ISBN 978 - 7 - 5168 - 1998 - 2

Ⅰ. ①你… Ⅱ. ①小… Ⅲ. ①自律 - 通俗读物

Ⅳ. ①C933. 41 - 49

中国版本图书馆 CIP 数据核字(2018)第 154582 号

你的自律，给你自由

著　　者：小椰子	
责任编辑：武　波　员晓博	装帧设计：天下书装
版式设计：天下书装	责任印制：蔡　旭

出版发行：台海出版社

地　　址：北京市东城区景山东街 20 号　邮政编码：100009

电　　话：010 - 64041652(发行、邮购)

传　　真：010 - 84045799(总编室)

网　　址：www. taimeng. org. cn/thcbs/default. htm

E - mail：thcbs@ 126. com

经　　销：全国各地新华书店

印　　刷：三河市人民印务有限公司

本书如有破损、缺页、装订错误，请与本社联系调换

开　　本：880mm × 1230mm　　　1/32

字　　数：210 千字　　　　印　　张：8.25

版　　次：2018 年 9 月第 1 版　　印　　次：2020 年 5 月第 3 次印刷

书　　号：ISBN 978 - 7 - 5168 - 1998 - 2

定　　价：38.00 元

你的不自律，正在慢慢毁掉你

01

在知乎上看过一个问题："你见过最不求上进的人是什么样子？"

点赞数第一的回答是："我见过的最不求上进的人，他们为现状焦虑，又没有毅力践行决心去改变自己。三分钟热度，时常憎恶自己的不争气，坚持最多的事情就是坚持不下去。终日混迹社交网络，脸色蜡黄地对着手机和电脑的冷光屏，可以说上几句话的人却寥寥无几。他们以最普通的身份埋没在人群中，却过着最最煎熬的日子。"

短短的几行文字，竟描绘出普通人每日的生活轨迹。上班摸鱼，下班打游戏，熬夜刷着各种娱乐新闻和社交网站，没有兴趣与爱好，周末只想睡懒觉。放弃早起、放弃健身、放弃有益的阅读和交际，不肯花时间好好思考自己的人生。

你是否就像这样，终日浑浑噩噩、随波逐流、得过且过。也曾为生活焦虑，但仍找不到奋斗的方向，无意义地耗费着生命。

几年前，经历过一场变故的我，渐渐形成了这样的人生观：做人应当活在当下、及时行乐。因为你永远也不知道明天和意外哪一个会先到来。

然而，当懒散成了习惯、不自律成了生活的常态，我却发现自己越来越痛苦。《少有人走的路》里有这样一句话："自律，是解决人生问题的首要工具，也是消除人生痛苦的重要手段。"我开始明白，不自律会慢慢摧毁一个人的心智、外貌甚至是人生。

唯有自律，才是解决人生痛苦的根本途径。

02

表弟今年上大二，常常在微信上找我聊天，说大学生活无聊透顶、空虚至极。他列举了他日复一日的大学生活状态："白天上课，晚上去食堂吃个饭，回宿舍就和舍友一起打游戏、'开黑'。打完几局就觉得没意思，但又没有其他事可做。"

我问他怎么不花时间去读书，不要每次都等到考试前才临时抱佛脚，他却振振有词："宿舍那么吵，我根本就读不进去。"

"那你可以去图书馆或者自习室啊。"

他却总有理由："图书馆离我们宿舍太远了，在路上要浪费太多时间。"

我又建议他去参加社团活动，或者约同学一起打篮球、跑步。他却说白天的课程已经让他筋疲力尽，提不起精神去运动。

我终于明白他的问题所在："你并不是无事可做，而是你只想打游戏。"

"有什么办法呢？我舍友、同学，人人都靠着玩游戏打发时间，这难道是我一个人的问题吗？"

表弟始终固执己见，不愿意承认沉迷于游戏是他自己的责任，他觉得外界干扰和影响才是罪魁祸首。他没有办法解决，只能消极应对，因此将大学生活过得一塌糊涂。

许多人习惯将自己不自律的原因推卸给他人和外界环境：

"上班太累了，下班后哪有精力去读书写作？只想看无脑综艺放松一下。"

"我的体质就是喝水都会胖，就算去健身房锻炼也没用的。"

推卸责任的时候，可能感觉舒服和痛快，却永远无法进步，心智永远无法成熟。趋利避害、逃避责任是人类的天性，但是每个人的人生轨迹都是由自己主宰的。

畅销书作家严歌苓曾被人问过怎么能写那么多书。她说："我当过兵，对自己是有纪律要求的。当你懂得自律，那些困难都不算什么，人必须对自己负责。"她的自律，就是每天至少写作六小时，隔一天游泳1000米，几十年如一日。就算每次坐到书桌前，她都会全身颤抖、痛苦到不行，但她知道，唯有自律，才能找到自己存在的价值。

推卸责任容易，坚持一件事很难。想要变得自律，必须从敢于承担责任开始。

03

那些自律到极致的人，都活成了什么样子？

国产电视剧《人民的名义》播出的时候，国内涌现观剧热潮，剧中的老戏骨们不仅演技在线，连身材也是全程刷存在感。剧中扮演沙书记的张丰毅，尽管已经 61 岁，六块腹肌却从不离身。他的秘诀便是烟酒不沾，每天早晨七点起床跑步，下午必去健身房练器械。

明星工作时常常过着黑白颠倒的生活，但张丰毅曾在采访中说过，自己不管在什么条件下都会坚持运动，"在剧组也会每天运动，睡前抽空锻炼一下，第二天早晨也会比其他人早起半小时运动。"

因该剧而圈粉无数的达康书记扮演者吴刚，今年也已 55 岁，但剧中的他身手矫健、身材匀称。在处理大风厂事件的那一集，他毫不费力地攀爬脚架的镜头给观众留下了深刻的印象。

50 多岁的年龄，也许在很多人眼里已经可以放任自流了。但吴刚仍然严格要求自己，坚持跑步五公里和游泳，拍戏的时候也是一有空就去健身房。自律帮助他在拍戏时保持良好的状态、精力充沛。

反观我们身边，有多少刚过三十的男人，纵欲过度、无法自控，腆着啤酒肚，眼神也变得越来越浑浊。

虽然人各有志，选择什么样的生活完全取决于自己，别人没有权利去干涉。但就像康德所说，假如我们像动物一样，听从欲望、逃避痛苦，我们并不是真的自由，因为我们成了欲望和冲动的奴隶。我们不是在选择，而是在服从。唯有自律，自律使我们与众不同，自律令我们活得更高级。

对于成功者来说，自律已经融入了血液和骨骼，成为身体和灵魂的一部分。他们在自律中超越自我，慢慢成就自我。

04

并不是说自律一定能带来成功，但是自律的过程一定会让你更加爱自己。

我仍记得第一次看《百元之恋》这部电影时给我带来的震撼。女主是 32 岁的大龄未婚女性，终日过着颓靡的生活。在家啃老、足不出户、大口咀嚼垃圾食品、每天打着游戏度日，没有目标、毫无自律可言。

这多像当下将"努力不一定成功，但不努力会很轻松"挂在嘴边的年轻人的生活状态。

然而，就算颓废如女主，因为喜欢上了一个拳击手而开始接触拳击，开始慢慢改变。她加入了拳击俱乐部，每天挥汗如雨、坚持练习，戒掉了烟酒，连饮料也从可乐换成了矿泉水。由于年龄限制，她有且仅有一次代表俱乐部参加专业拳赛的机会。她为此付出了全部的努力，拳击场上的她变得光芒四射，与几个月前的颓靡形象形成了巨大的反差。

但是，现实生活中并没有那么多励志故事，电影的结局并没有以豪迈收场。女主在首轮就被淘汰，她被打得鼻青脸肿、满嘴流血。就算输掉了比赛，但以此为分界点，她彻底与过去的人生告别。自律让她赢得了尊严，她不再自暴自弃，人生从此不再颓靡。

自律和不自律的人生，真的有着天差地别。

我问过身边考研失败的朋友，是否后悔过曾经坚持的那段时光？她说，考研的那段日子，是我人生中最美好的时光。现在的我，每当遇到困难想要放弃，我都会想起，自己曾经为了一个目标，可以自律成那种模样。

你最拼命的时候是什么样的？

你是否为自己的人生好好地燃过一次？

能坚持下去的自律，都会成为蜕变的契机。

以此共勉。

目 录

1 / 二十几岁，不只有梦想

2 / 别让未来为现在买单

3

圈子决定了你的层次

4

人生没有白走的路

5 /

自律，是为遇见更好的自己

6 /

做自己生活的主人

7 /

自律是毕生的修养

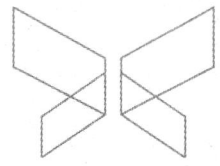

1

二十几岁，不只有梦想

别总拘泥在你以为熟悉又舒适的小圈子里，世界从来不只是你身边的样子。

它到底能有多么璀璨，取决于你的眼界和见识。

坐井观天，只有一孔之见；登山远望，方知天外有天。

愿你我，能在看过风景、饱读诗书之后，学会谦卑、学会尊重。

见过最好的，也承受得了最坏的，不以物喜、不以己悲，宠辱不惊又不随波逐流。

一个人开始废掉的三种迹象

01

作家李尚龙说："在大城市里，搞废一个人的方式特别简单。给你一个安静狭小的空间，给你一根网线，最好再加一个外卖电话。好了，你开始废了。"

之前的我并不相信人会这么轻易地堕落，直到身边出现了一个真实的例子。

前段时间的同学聚会上，见到了许久没见的 W 君。学生时代清瘦的少年模样，如今竟发福得如同中年大叔。和他聊天后我才知道，毕业之后的他辗转换了几次工作，却仍无法适应上班生活。后来干脆辞职回家，靠着父母给的生活费，加上一点网络兼职的收入度日。

在家宅了一年多的他，很少走出家门，成天日夜颠倒，通宵打游戏，无节制地吃各种垃圾食品。也许是因为长期缺少社交生活，我们跟他说话的时候，他的眼神总有些许呆滞，似乎要反应一段时间才能理解我们话中的意思。

我开始真正相信：低质量的长期宅，确实能改变一个人的心智、外貌，甚至是人生。

人喜欢在舒适熟悉的环境中待着。而这种舒适区一旦建立，你就会变得无比依赖，慢慢地爱上周围的墙，恋上舒适的小屋，从而不愿意飞出去看看，怕看到外面熙熙攘攘的世界。

而一个人开始废掉的迹象之一，就是不再走出自己的舒适区。

心理学上有这样一个词叫"花盆效应"，指的是人们如果在舒适的"花盆"中待久了，就会不思进取、安于现状。当你对现状心满意足，日复一日地去做着同样的事情，不再将时间花在提升自己上，那么你的成长见识，将永远停留在原来的那块区域里。

曾看到这样一句话：一个人老去的标志，绝不是老成稳重、沉默寡言，而是不肯再尝试，不肯再容许自己置身不熟悉的境地。

当你停止了学习、故步自封，将自己囚禁在得过且过的牢笼中，那么你已经朝平庸迈进了一大步。

02

前几天去市图书馆查资料，旁边的位置坐了一位穿着高中校服的男生。他的面前摆着一本厚厚的教科书，眼睛却自始至终没有离开过手机屏幕。当我翻完了一章晦涩难懂的英文原著，他戴着耳机，在看抖音视频里的宅男女神跳手指舞。当我收拾好东西准备离开图书馆的时候，终于看到他不再刷短视频了——他点开了王者荣耀的图标。

这个娱乐至死的时代，获得短期的快感太容易了。十几秒可以刷完一个短视频，二十分钟可以打完一把游戏，一小时可以看完半本网络文学。微博段子张口就来，明星八卦关注得比谁都多，网红的名字如数家珍。

学习？不存在的。顶多看几篇教你如何"短期内迅速提升自己"的碎片化文章，打完鸡血后依然浑浑噩噩，沉溺于感官娱乐之中。

一个人开始废掉的迹象之二，便是沉溺于短期快感之中，不再做长期投入。

玩游戏、刷视频、看网文，这些是顺应人性的，因为它们有及时反馈的机制。你可以在短期内获得快感，哪怕这种快感是虚拟的、易逝的。

对比之下，学习、健身、提升工作技能，这些都需要漫长的反馈周期。你需要投入很多时间、精力才能看到回报，远不如刷小视频、打游戏来得有意思。

太多人为了逃避思考而愿意做任何事。尼尔·波兹曼在《娱乐至死》中说："毁掉我们的不是我们所憎恨的东西，而恰恰是我们所热爱的东西。"当你不再制订计划，而是一次又一次放纵自己沉溺于即时快感和虚拟的成就感中，你离废掉就不远了。

03

之前网上流传着一段高铁吃泡面被骂的视频。视频中，一女子情绪激动、面目狰狞地破口大骂吃泡面的男乘客：

"不让你吃泡面，你还没完没了了是吧？"

"我让他不要吃泡面，他还吃，剩下汤居然不倒，故意在这熏着别人。见过不要脸的，没见过那么不要脸的！"

"就你这种败类，以后别上高铁了！"

男乘客在整个过程中并没有一句过激的言语，而那名女子却在不停地狂骂，连一旁的孩子都被吓哭了。

其实，如果她能心平气和地跟男乘客提出自己的意见，我想那位男乘客也会去理解并寻找解决办法。情绪失控却让她表现得像一个泼妇，不但引起了车厢内其他人的不适，还给自己的孩子做了负面的榜样。

罗伯特·怀特曾经说过："任何时候，一个人都不应该做自己情绪的奴隶，不应该使一切行动都受制于自己的情绪，而应该反过来控制情绪。无论境况多么糟糕，你应该去努力支配你的环境，把自己从黑暗中拯救出来。"

一个人开始废掉的迹象之三，是沦为情绪的奴隶。

无法控制自己情绪的人，会给自己和他人带来不可预料的灾难。有人因为和店家发生了一点口角，就冲进厨房拿起菜刀砍人；有人因为丈夫的一句责难，就将自己的亲生骨肉从五楼扔下，自己也纵身一跃；还有人因为生活不如意，就上街殴打无辜的人，发泄情绪。

著名的费斯汀格法则告诉我们：生活中的10%由发生在你身上的事情组成，而另外的90%则由你对所发生的事情如何反应决定。

一念天堂，一念地狱。当你深陷情绪的深渊，让理智随时被情绪牵着走，那么你离后悔就不远了。

真正成熟的人，一定是有能力控制自己情绪的人。

结语

在国外有一个医学研究，工作人员询问了100个在医院奄奄一息的老人："你这辈子最大的遗憾是什么？"几乎所有的回答都不是后悔这辈子自己做了什么，而是没做过什么。没有在最好的年华里修炼自己、没有冒过的险、没有追求的梦想……

你是否也习惯了每天三点一线的生活，靠着短期的快感和虚拟的满足感度日，常常被自己的负面情绪所左右？最可怕的是，我们即使对现状如此不满，也没有勇气去改变。就像《少有人走的路》一书中所说：勇气是尽管你感觉害怕，但仍能迎难而上；尽管你感觉痛苦，但仍能直接面对。

向前一步，也许一切都会不同。

二十几岁，你凭什么穷得心安理得

"二十二岁的我做了一个梦，梦见自己很穷。睡醒了之后，发现这不是梦，是现实。"

01

看过一个六分多钟的采访视频，一群年轻人面对着镜头，说出自己毕业一年后的近况和感想。让我印象最深的，是采访里的一个姑娘。她说："最穷的时候，跟我室友，一周每天晚上回去都喝白粥，然后只配一罐橄榄菜。"

"最近生了一场病，然后发现，毕业一年，竟然连自己看病的钱都没有。这大概是我这辈子最糟糕的时刻吧！"以前上学的时候，以为工作之后就有钱了。后来才知道毕业后真的是穷得叮当响。五块钱的煎饼果子舍不得多加个蛋，吃完匆匆赶上拥挤的地铁或公交。这是你一天的开始。夕阳的余晖落尽，写字楼在城市的黑暗中灯火通明，而你还在加班。这是你一天的结束。

月底总是很艰难。你一个人待在十平方米不到的出租屋里，将泡面碗里的汤喝光，对着电脑里的美食综艺节目打了个响亮的嗝。隔壁传来了炒菜的声音，于是孤独感将你紧紧包围，让你无法呼吸。

工资的涨幅永远赶不上物价和房价上涨的速度，为了能租到更便宜的房子，每一次搬家都只能离公司越来越远。你有多久没有看过满天的繁星，城市虚伪的灯光遮住了你的眼睛。

二十几岁，且穷且独立。你成功地养活自己，没有向家里要一分钱。学会了一个人做很多事：一个人吃饭，一个人逛街，一个人看病，甚至一个人旅游。生活教会你与自己和平相处。

"那时我们有梦，关于文学，关于爱情，关于穿越世界的旅行。如今我们深夜饮酒，杯子碰到一起，都是梦破碎的声音。"

02

我们本来就应该承认这个世界的不公平。有人开直播唱首歌就能被小学生打赏十几万，而有人兢兢业业地工作，却无法获得最基本的尊严。

大学刚毕业的时候，我在一家教育咨询公司待过短暂的五个月。许多老员工花了数十年才渐渐磨完的，对公司的期许、对工作的热情，我只用了两个月的时间将其消耗殆尽。

不光是因为工作内容的无趣、审核材料的枯燥，更因为在那里丝毫没有尊严。

上司是个脾气暴躁的妇女，坏得浅显易懂，坏得无懈可击。我本来以为这样的角色只存在于人物刻画粗糙的电视剧中，没想到竟被我在现实中遇到，不得不感叹艺术来源于生活。

有一次早晨，刚到公司的我突然一阵腹痛，去完厕所回来，竟被上司叫到办公室骂得狗血淋头："我五分钟前叫你来我办公室开会，你到现在才来？"

"啊，我刚才去厕所了，没看到消息。"

"那是你的问题，为什么要上班时间去厕所？我付你工资是让你上班时间去厕所的吗？你为什么不能每天提早十五分钟到公司上厕所？"

我被震惊得无话可说。

像这样的事情几乎每天都在发生。有一次她外出的时候，我帮她签收了一个快递。下午她回到办公室，我没有马上拿给她，而是下班前才记起这件事。

仅仅因为这个，我在下班时间被她从晚上六点骂到了八点。各种难听的话让我几乎快承受不住，最后的一点倔强让我硬撑着没有让眼泪掉下来。当晚回家，我一夜无眠。

我想，在她的眼里，我不是她的下属，作为应届毕业生，仅仅是她的仆人罢了。

你问我有没有立即辞职？没有，我坚持了五个月。因为穷啊，没有底气任性。裸辞了，我拿什么交这个月房租？我也曾经极度害怕，害怕自己就这样在煎熬中过一生。

二十几岁，又穷又没有尊严。

03

渐渐地，我开始害怕回老家。因为总有那么一些不熟的亲戚对你的生活指手划脚。

"女孩子，不安心在县城里做个公务员，到外面打拼多累啊。"

"你的工作一点也不稳定，该考个公务员或事业单位，又清闲又安稳，产假时间还长，多好。"

我以为，不对别人的人生插嘴，是做人最起码的原则，然而总有人固执地想要用他们的世界观来改变别人。虽然，他们说得其实也不无道理。

很多人可以选择相对安逸的生活。留在家人身边，找一个稳定的单位，工资不一定高，靠着父母接济，生活也许可以过得很滋润。可这不是我想要的生活啊。我不愿意按照世俗的思路，按部就班地活成理所当然的平庸模样。

我的朋友晚风，从名牌大学毕业后，考入了令人羡慕的事业单位，二十几岁就开始进入了老气横秋的状态：每天打卡上班、喝茶、聊八卦、看新闻、打卡下班。

他告诉我，其实刚进单位的时候，他是满怀信心、准备撸起袖子大展宏图的。但周边的人都抱着"混日子"的念头，久而久之，自己也沾染了这种习气，渐渐忘记了初心。他说："反正干多干少都是一样的工资，何不让自己过得清闲一点？"

我多害怕像他那样，在二十几岁就丧失了斗志和野心，过着一眼就能看得到未来的生活。生于贫穷并不可怕，可怕的是，你一生碌碌无为、一无所成，最后死于贫穷。

我不想贪恋安逸和温暖，人生并不是只有一种活法。就像王小波在《黄金时代》里写的那样："那一天我二十一岁，在我一生的黄金时代。"

二十几岁的日子，应该是炙热的、丰富的、无所畏惧的。我只想跳脱出理所当然的平庸，拒绝我不愿妥协的一切。

04

　　二十几岁，我们都穷过。但是，我不想穷得心安理得。我想在三十岁的时候，活得有底气一点。

　　什么是有底气？

　　就是可以不必理会小县城里七大姑八大姨的品头论足，因为自己有事业、有爱情，在喜欢的城市里多姿多彩地生活着；就是可以直接在商场刷卡买下自己看中的衣服，不用偷偷拍下标签回去上网找同款；就是可以不用再过那种穷得连病都不敢生的日子。

　　我丝毫不想掩饰自己对钱的渴望，除了想用钱让自己、让家人过上更好的生活，我更想花钱投资自己。我想见识到更多厉害的人，向他们学习；我想掌握更多的技能，让自己的未来充满无限的可能性；我想去很多不同的地方，开阔自己的眼界。

　　因为这个世界上从来没有百分之百稳定的工作，只有自己的实力才是最大的底气。我们要考虑的是，如何才能不断提升自己，不断有勇气从头来过，这样才能跟上这个飞速发展的时代。

结语

　　二十几岁，经历过贫穷，经历过跌跌撞撞，经历过焦虑和迷茫，才能知道自己想要的是什么，才会不断逼着自己成长。

　　二十几岁，穷并不可怕，但是千万不要穷得心安理得。

省钱才是最笨的挣钱方式？别逗了

你是否正被无数营销号鼓动着，种草了各种色号的网红口红和名牌包包？

听完激动人心的 TED 演讲，网购了一大堆书籍，却一本都没有翻开过？

有人说，在这个互联网营销时代，无数的人教你怎么去买买买，却没有人教你信用卡刷爆了该怎么还。

我们生活在一个物质要求可以随时得到满足的时代。然而，消费前，你是否分得清"想要"和"需要"的区别？

01

前几天我约了大学的学妹一起吃饭，见面的时候差点认不出她来。头发烫成略显成熟的大波浪，从头到脚都是名牌，就差在脸上写下"奢华"这两个大字了。这与我印象中那个清秀朴素的留着短发穿着棉布裙的女生简直有着天壤之别。

正当我打趣她短短毕业半年就走上人生巅峰的时候，学妹眉宇间露出一丝忧郁："唉，别提了，你不知道我现在多穷，信用卡欠下一大笔债没还，又不敢跟爸妈说，只能拖得一日是一日了。"

原来，表面生活得光鲜亮丽的她，背后竟是信用卡的负债累累。

在我们身边，有很多人一出校门便找到了一份能让自己衣食无忧的工作，从此就走上了过度消费之路。最初往往是无意而为，或许只是用手头的信用卡刷了一套新衣服，但马上发现衣服和包包不配套，于是又咬咬牙分期付款，入手了一个以前想都不敢想的名牌包。没过多久，又察觉到自己的发型不够成熟，根本无法搭配，于是就陷入了恶性循环当中。

希腊神话中有这样一个故事：西西弗斯触犯了众神，宙斯为了惩罚他，便要求他把一块巨石推上山顶。由于那块巨石太重了，每当快到山顶时就会又滚下山去，前功尽弃。于是他就不断重复、永无止境地做这件事。

不良的消费习惯也让我们面对同样残酷的恶性循环。每当债务快还清的时候，就会忍不住给自己一点奖励，这就让负债的"西西弗斯"巨石越滚越大，最终被推入永不见天日的深谷。

"借明天的钱，享今天的福"，已经成为不少年轻人流行的消费方式。"超前消费""轻奢主义"的行为也为如"校园贷""裸贷"等借贷平台的兴起提供了温床。

前几代人节俭的消费观让中国成为全球储蓄率最高的国家。但据报道称，中国十八岁到三十五岁的年轻一代对信贷消费有着前所未有的热情。有数据显示，中国年轻一代身背的债务达到了他们月收入的 18.5 倍，在亚洲同龄人里排在最高一档。

对任何新鲜事物都欲望十足，只因一时起意就冲动消费的你，怎么也积累不下资产，更谈不上理财。

02

在学习投资理财之前，我们首先要学会如何理性消费。

如果说理性消费是每个人都要上的一门课，每年都进行考核，你知道谁会不及格吗？居然是美国职业篮球联盟（NBA）球员。曾经有人做过调查，NBA 有 60% 的退役球员在五年内面临破产的窘境，甚至那些平均年薪 500 万美元的现役球员，也有很多人负债累累。大多数 NBA 球员的理财意识极差，甚至根本没有。

2013 年 10 月 31 日，艾弗森正式退役。他的职业生涯期间，收入高达 1.5 亿美元，包含代言合同共达 2.5 亿美元。然而，由于艾弗森向来挥霍无度，喜欢逛夜店，还染上酗酒赌博的恶习，不到十年，艾弗森就将这 10 亿多人民币挥霍一空。可以看出，艾弗森交出了一份令人失望的答卷。

比尔·盖茨说："巧妙地花一笔钱和挣到一笔钱一样困扰。"要想致富，就要先学会怎样花钱。缩减不必要的开支，将省下来的钱用于投资，从而使投资最大化。

在追求财富和实现财务自由的道路上，很多人都会犯一个愚蠢的错误：喜欢营造一种让自己看上去很有钱的幻觉，而不是做一个真正的有钱人。

有些人，连续几个月啃着泡面咸菜，终于攒下一个名牌包包，幻想着背到街上就可以扬眉吐气，却没想到挤公交的时候被边上的人嘲笑："肯定是 A 货。"

有些人，犹豫了几个月终于入手了一条名牌项链，摆拍了好久加滤镜发朋友圈，并配上文字："女人，就是要对自己狠一点。"收获了无数的赞，却面临着下个月交不上房租的窘境。

消费观念决定消费习惯。假如你能转变观念，对现在所拥有的感到满足，并且学会量入为出，你就不会受到诱惑而肆意挥霍自己的钱财。这样，你就可以把钱进行长期投资。即使你拿的是中低收入者的工资，最终也能积累成一个金额可观的投资账户。

03

有人说："积累财富是你挑战世界规则的底气，而控制物欲则是你敢于不被这个世界规则所改变的勇气。"

别试图通过奢侈品给自己贴标签，名牌真正的价值就是要让自己用起来舒服，而不是沦为标榜身价的武器。别让"月光"和"超前消费"成为一种习惯。如果我们一心只想着怎样挥霍自己根本就没有的钱，只会损耗我们未来的财富，要知道：入不敷出的故事随处可见。

物质欲望是没有尽头的。当过多的物欲占满心灵，只会让你陷入无限的攀比与浮躁中，今天想要这个，明天想要那个，永远得不到满足和安全感。

想要实现财务自由，我们需要学会花钱、理性消费，将钱花在投资和提升自己上。在每笔开支之前，先问问自己：我是真的"需要"，还是只是"想要"而已？那些不必要的物欲是否可以"断舍离"？

理性消费，你要先学会：

①尽早开始储蓄，重视存钱，毕竟原始资本的积累不是一朝一夕就能完成的。

②养成记账的习惯，做好预算与规划，做到财产心中有数。

结语

这个时代，无数媒体吹捧着"省钱是最笨的挣钱方式"，但是看完这篇文章，你是否明白了省钱的重要性？

比赚钱更重要的是培养这三种思维方式

企业家凌军讲过这样一件事：

有两个员工是他同时招录进来的同班同学，刚毕业时都缺钱，于是就把房子租在了北京五环外。租房离公司很远，他们每天上下班需要四个小时，累得筋疲力尽。凌军建议他们可以在离公司近一点的地方租房，虽然贵点，但可以节省很多时间。

员工马骏听了，觉得很有道理，就在公司附近租了房子。员工张萌没有，他觉得房租太贵，不能浪费钱，反正他有的是时间。

三年后，马骏的工资翻了两倍：因为他把省下来的时间花在了学习上，三年拿到了注册会计师证。而张萌的工资却只涨了八百元。

那些过了三十岁还穷困潦倒的人，决定他们与同龄人差距的便是思维方式。

石油大王洛克菲勒说过这样一句话："即使你们把我身上的衣服剥得精光，然后将我扔在撒哈拉沙漠的中心地带，只要给我一点时间，并让一支商队从我身边路过，用不了多久，我就会成为一个新的百万富翁。"

看似狂妄的一句话，却揭露了有钱人对自身思维方式和赚钱本事的自信。最近在看水湄物语的书《谁说咸鱼没有梦想》，这本理财入门书让我知道：那些赚得比你多的人，只因这三点比你强。

01. 明白省钱的关键

我有个亲戚，他们家虽然有一台空调，但我从来没见他们开过。就算是最炎热的八月，整间屋子热得像蒸笼一般，他们家的小孩做作业时热得满脸通红、汗流浃背，他们也不肯开。

我偷偷问小孩为什么不开空调，小孩说："爸妈说电费太贵了，叫我拿扇子扇风。"听完我有点无语，那他们买空调回来是当成摆设吗？

不光如此，小孩代表学校参加县里的运动会，学校老师让他们给他买双钉鞋。结果，他们居然贪便宜，在小摊上淘了双杂牌的便宜货。小孩比赛前穿上那双鞋，各种不舒服，结果也没能获得名次。

很多穷人之所以穷，就是因为把钱看得太重。他们为了买一件东西，常常要花很多时间去货比三家，最后省下来的也不过是几块、几十块而已；他们会排几个小时的队，只为领取免费的超市赠品；他们会买那种穿了一两次就穿不了的、质量差到不行的便宜大衣，也不肯买件贵一点、却可以穿很多年的衣服。

你会看到：那些在小钱小事上斤斤计较的穷人基本都不会有大的作为，因为他们耗费了大量的心智和精力在各种琐碎并无意义的事情上。

省钱的关键，不在于省钱的技巧，而在于你要明白哪里才是更重要的部分。

买了像空调一样的物品，就应该让它发挥应有的价值，不仅让自己舒适，还能提高做事的效率。衣服宁愿买贵一点的，料子上佳款式经典，可以穿很多次，这样反而更省钱。比起花时间在货比三家、省那么几块钱，不如把时间花在自我教育和投资上。

有钱人的思维是关注大目标，看到关键部分，而穷人的思维是关注小目标，看不到重点所在，格局显得太小。不要只关注蝇头小利，集中时间和精力办重要的事才能避免你在贫困里越陷越深。

02. 目光长远，能够克服自己人性中的急功近利

巴菲特的一个故事经常被人引用。

亚马逊的创始人杰夫·贝佐斯问巴菲特："你那套投资理论没人抄袭吗？"巴菲特回答道："没人愿意慢慢变得富有。"巴菲特还说过这样一句话："如果你不愿意持有一只股票十年，请不要考虑拥有它十分钟。"

这便是有钱人的"长期思维"。

有钱人所拥有的这一能力其实是反人性的，即克服人性中的急功近利，懂得慢慢等待。

而穷人似乎总是缺乏耐心，尤其是面对挣钱这件事，每个人都希望自己一夜暴富。

但是，你会发现那些一夜暴富的彩票得奖人，由于没有长

期思维，大多数人都会在几年之内将奖金全部挥霍掉，重新沦为底层。如果他们能够克服短视，懂得延迟满足，用一部分奖金做个长期投资，产生的收益也足以维持他们长期高质量的生活。

哈佛大学曾经有过一项关于经济流动性的研究，这项研究表明：最底层的赤贫阶层，他们讲究当下，时间观通常只有几小时甚至几分钟，比如一个酗酒的人只考虑下一杯喝多少。

高层次的富裕阶层，他们的时间观是未来几年、几十年，甚至几代人，他们瞄准的是未来。

也就是说，穷人更关注自己在现有的蛋糕中能分到多大一块。相比之下，富人更关注把现有的蛋糕做大，哪怕让利一些给其他人，自己分到的比例更少，但总体而言，他们在未来都能得到更多的收获。

那些深陷传销和成功学的人，基本都是抱着短期之内能赚大钱的念头。只有克服自己的急功近利，关注长期的收益，才能让你离穷困越来越远。

03. 用钱赚钱

有这样一个故事：

地主马太有一天要外出远游，便将他的财产托付给三位仆人保管。他给了第一位仆人 5000 金币，第二位仆人 2000 金币，第三位仆人 1000 金币，要他们好好管理这些钱财，一年后他才会回来。

马太走后，第一位仆人将这笔钱做了各种投资，第二位仆人则用来做生意，而第三位仆人却将钱埋在树下。

一年后，马太如约而归。第一位仆人手中的金币增加了三倍，第二位仆人的金币增加了一倍，马太甚感欣慰。唯有第三位仆人的金钱丝毫未增，他解释说："唯恐运用失当而遭到损失，所以将钱存在安全的地方。"马太听了大怒，训斥第三位仆人竟不好好利用财富，于是拿回金币，赏给第一和第二位仆人。

"马太效应"揭示了富人的生财之道：只有用钱来赚钱，才能使财富增值。有人说，赚钱分为四种层次：一是用体力赚钱，二是用脑力赚钱，三是用资源赚钱，四是用钱赚钱。

绝大多数有钱人会把钱当成自己赚钱的重要资源。打个简单的比方，钱就是他的雇员，他则是老板，让钱为自己卖力干活，创造更多的钱。

而穷人往往想不到这一点，只认为钱能消费，钱越用越少，想让钱减少的速度慢一点，钱花完了，就更努力地赚钱。就像一个苹果，穷人考虑的是切成几块，怎么省着吃；富人考虑的是，怎样用苹果换成一棵苹果树，才能有源源不断的苹果可以吃。

巴菲特说过："一生能够积累多少财富，不取决于你能够赚多少钱，而取决于你如何投资理财，钱找人胜过人找钱，要懂得钱为你工作，而不是你为钱工作。"

结语

要知道，人赚钱的速度远远比不上钱生钱的速度。哲学家安·兰德有一句名言："财富是一个人思考能力的产物。"唯有去连接更多的人和信息，突破自己的认知局限，转变自己的思维方式，进而转化成行动，才能让自己摆脱又穷又忙的窘境。

千万别让这三种心态害了你

2017 年持续引发观影热潮的《战狼 2》，让一直不温不火的演员吴京走进大家的视线。

出道二十二年坚持不用替身，六岁开始鼻子骨折、八岁脑袋受伤、九岁胳膊骨折、十四岁下肢瘫痪、十七岁脚骨折，甚至连结婚当天都要拄着拐杖，浑身是伤的吴京这一路走得并不平坦。

当听说吴京要倾家荡产砸钱自己拍电影，身边的人都劝他："小吴，不要搞了，肯定会赔的，这一代的人都喜欢花样美男，没人会看的。"

吴京偏不信。他怀着空杯心态，用百折不挠的勇气，终于创造出一个属于自己的时代。

心态对一个人来说到底有多重要？

其实，人与人之间，起点差别很小，终点差别却很大，原因不外乎心态的方向：是选择聚焦正向，不断行动，朝着自己想要的目标前行？还是被负能量缠身，被苦闷驱逐，让人生由一次愉快的旅行变为负重马拉松？

最近看了《负能量断舍离》这本书，书中列举了三种负能量满满的心态，你必须学会和这 3 种心态断舍离，才能改变现状，摆脱平庸。

20 ~ 40 岁是人生中最好的年龄，千万不要让这三种心态害了你。

01. 安于现状

契科夫写过一篇著名的短篇小说，叫《装在套子里的人》。

主人公名叫别里科夫，是个过于循规蹈矩的人，总是将"千万别闹出什么乱子来"挂在嘴边。为了不受到外界的影响，他总想给自己套上一层保护壳：哪怕在艳阳天出门他也总是穿着套鞋，带着雨伞，将一切可以折叠的小物件都装在套子里。就连他的脸也好像装在套子里，因为他总是把脸藏在竖起的衣领里，戴着黑眼镜，耳朵里塞上棉花。

他要求自己和所有人都要遵守规则，不能越雷池一步，并像毒瘤一样将这种情绪影响了身边所有的人。他终日生活在恐惧中，生怕出现什么意外改变了他的现状。这样一个惧怕改变的人，最后死在了自己家中。

现实生活中，我们总能看到一些安于现状的人。他们胆小而拘谨，害怕做出任何改变。就算机会摆在眼前，他们也会因为害怕而不敢向前一步。尽管他们安慰自己说"知足常乐"，但这并不代表应该无所作为、原地踏步。

拥有这种心态的人，一旦意外来临，就会脆弱得不堪一击。

二十世纪九十年代初，马杰是一家工厂的车间主任，在下海浪潮的影响下，他辞去工作，准备做小本生意。当时很多人都不理解他的做法：为什么要丢掉所有人都羡慕的铁饭碗？

马杰却能清醒地看到，工厂连年经营不善，机构冗余，虽然现在工作清闲，又能拿死工资，但留在这里不会有大的发展，不如趁现在另谋出路。在同事们都在工厂打牌混日子的时候，马杰辛苦地在外面摆小摊，后来又去批发服装。别人说他瞎折腾，他也不解释。

直到工厂倒闭，所有工人下岗，没了出路，那时候的马杰已经成了小老板，吃穿不愁，有房有车。

"生活并不会遵从某个人的愿望发展。改变随时有可能降临，但积极地面对改变却会让你发现更好的奶酪。塞翁失马，焉知非福。"这是斯宾塞·约翰逊在《谁动了我的奶酪》里写的句子。

弱者拒绝变化，拒绝风险，同时也就拒绝了让自己变得更好的可能性。当安于现状成为一种心态，人就会习惯碌碌无为不思进取。只有懂得主动跳出现状，挣脱短视的牢笼，才能让自己有能力应对生活中接踵而至的挑战。

02. 嫉妒

知乎上有个问题，叫："嫉妒"可以有多可怕？刷到答主们的回答，简直像打开新世界的大门。

点赞最高的答主说了这样一个故事：

她曾经做过几年的舞蹈老师，班里总有那么一两个小女孩特别有天赋，学得很快。做老师的为了鼓励别的孩子，通常会表扬一下："小敏今天做得特别好，大家看一下小敏的动作。"

不一会儿，旁边的小女孩就会相继跌倒在地上，满脸泪水地说：

"老师，小敏推我。"

"老师，小敏撞我。"

"老师，小敏踩我。"

然而，老师从舞蹈教室的镜子里都能看到，其实是小女孩们自己跌倒的。

嫉妒是吞噬人心的魔鬼，能够扭曲一个人的心态，使人变得面目全非。人在嫉妒的支配下，不但令自己坐立不安，眼睛只盯着嫉妒的对象，满脑子都是自己与对方的差距，还容易做出伤害他人的事，给自己和他人带来巨大的损失。

有人因为嫉妒同学高考考出高分，就处心积虑地改掉同学的志愿；有人因为嫉妒舍友长得好看，竟然往舍友的隐形眼镜盒里放胶水……

日本电影《红鳉鱼》里有这样一句台词："嫉妒为何物？自己不去努力，不去付诸行动，揪着对方的弱点不放，连自己也落得下作，这就叫嫉妒。"

与其嫉妒别人的拥有，不如在自己身上找找原因。为什么他人会比自己优越？自己究竟差在什么地方？

世界上最阴暗的地方，就是嫉妒之人的内心。千万不要被嫉妒蒙蔽了眼睛。

03. 守株待兔

1987 年版《红楼梦》是许多人心中不可替代的经典影视剧。

然而，当年在开拍之前，导演组为选拔林黛玉的演员伤透了脑筋。究竟什么样的女孩才能诠释出林黛玉的柔弱与风骨、才情与气质？导演组不知面试了多少演员，就是没有中意的人选。这时，一个叫陈晓旭的女孩寄来一封自荐信。

陈晓旭在信中表达了自己对《红楼梦》、对林黛玉这个人物的喜爱，并附上自己的诗作和近照，称自己就是演林黛玉的不二人选。

导演组一眼看中，让陈晓旭进京。正是由于这次自荐，中国荧幕上多了一个经典形象，至今无人能够超越。

在我们的生活中，有多少人敢于抓住机会，推荐自己？我们的心态，更像成语"守株待兔"中的主人公，守着一个叫作"机会"的树桩，幻想着能够被机遇和好运砸中。

然而，没有人有义务发掘你，如果你认为自己是宝藏，就应该主动发掘你自己，让别人看到你的才华。

人生有时就像一场赛跑，任何的拖沓都可能导致结果的不理想。机遇总是稍纵即逝，没有人会等你，现实更不会迁就你。不要抱着"守株待兔"的心态，让失败和懊悔一步步向你逼近。

结语

心态就如同空气，看不见摸不着，却决定着我们的未来。狄更斯说："一个健全的心态，比一百种智慧都更有力量。"愿你我能学会与这三种负能量满满的心态断舍离，像吴京一样，开启属于自己的时代。

为什么你奋斗了那么久，还是挤不进"有钱阶层"

在知乎上看过一个问题："贫穷会对人的身心造成多大的影响？"

有人回答道："贫穷，是贫穷的原因，也是贫穷的结果。"因为贫穷，所以自卑，习惯用消极的态度对待人生，用毫无效率的方式思考一切，从而导致陷入贫穷的沼泽中无法自拔。

阻碍你通往财富自由的，不是你的原生家庭，也不是你不够努力，而是你的思维方式。有钱人想的和你不一样。托马斯·斯坦利说："如果你想改变果实，你首先必须改变它的根；如果你想改变看得见的东西，你必须先改变你所看不见的东西。"

这就是事实：如果你想上升到更高的层次，就必须愿意放弃一些旧的思考方式，并学会接受新的思想。

01. 富人相信"我创造我的人生"，穷人相信"人生发生在我身上"

你注意到了吗？穷人通常更愿意花大笔钱来买彩票。

他们热衷于每天晚上盯着开奖信息，做着这样的梦：百万财富将以抽奖的形式降临在自己身上。当然，每个人都想赢彩票，即使是富人也会为了消遣玩上几把。但他们不会花太多时间和精力在这上面：这并不是他们创造财富的方式。

有研究一次又一次表明，中彩票的人，无论拿到多少奖金，多数人最终都会回到原先的财务状况：他们能舒适持有的金额。而那些白手起家的富人则相反。当富人损失了财产，他们通常会在相对短的时间内把钱挣回来。

现任美国总统、原房地产大亨特朗普就是个好例子。他曾身价十亿，赔掉了所有，但几年之后，他不仅把失去的全部都挣了回来，还拥有了更多。

为什么会出现这种现象？

因为那些白手起家的富人即使赔掉了金钱，也不会丢掉致富最重要的因素：富人思维。他们对自己的生活负责，他们知道，自己才是财富的掌控者。

而穷人通常喜欢扮演"受害者"的角色。他们抱怨政府无能，抱怨经济不景气，抱怨上司克扣工资，抱怨同事爱上演"职场宫心计"，抱怨父母没有给自己好的原生家庭……

总有那么一些人和事，值得他们去抱怨，他们却从没想过从自己身上找原因。抱怨和推卸责任，确实能在一定程度上缓解失败的压力。然而，这对你的进步毫无帮助。如果你只是继续充当着自己人生的"受害者"，那你将永远没有成为富人的机会。

02. 富人专注于机会，穷人专注于障碍

放在你面前的杯子是半满的还是半空的？

这在一定程度上象征了富人与穷人看问题的不同角度。富人看见机会，穷人看见阻碍。富人盯着潜在的增长，穷人盯着潜在的损失。富人关注收获，穷人关注风险。

富人对自己的能力有信心，他们相信风险越大，收获越多。因此，他们不断看到机遇，迎着挑战勇敢冒险。即使在最坏的场合，他们也相信自己能够力挽狂澜。而穷人则不断看到阻碍。他们害怕失去，失去的痛苦是他们无法忍受的。因此他们不愿意冒险，也没有收获。

经济学中有这样一个假设：

在一个系统内，初始状态下有富人也有穷人。但是我们人为地将所有财富平均分给每一个人，结果会怎样？可以想象一个小时之后，这种平均就会被打破。比如有的人拿着钱去下馆子，有的人拿着钱去开馆子。一个小时之后，财富就又不平均了。

几年以后，原来的富人还是富人，穷人又回到了之前捉襟见肘的状态。

　　思维的差异导致了穷富的结果。你不可能为每一种情况未雨绸缪，保证自己不承受损失。只有瞄准时机，勇敢行动，才能获得成长。

03. 富人凭系统赚钱，穷人靠时间赚钱

　　似乎许多人从小都是听着这样的教导长大的："好好学习，将来考个好大学，找个好工作，赚到一份稳定的收入，朝九晚五，然后你就会过上快乐的生活。"

　　穷人总是倾向于得到一份稳定的薪水或计时工资。每个月的同一时间，有一笔固定的钱汇到他们的账户上，这能让他们有安全感。然而这份安全感也是有代价的，代价便是：凭着每个月稳定的固定工资，你永远无法实现财富自由。

　　"拿多少钱，做多少事。"穷人总是拿自己的薪资与所做的工作相比较，害怕被企业占到一分便宜。这也是为什么老有一些人总是在原地踏步的原因。

　　富人可以用钱来保障自己的时间，穷人则只能用时间来保障自己的生存。大部分人，没本金、没人脉，有的只是大量的时间，所以只能靠着卖自己的时间来赚点小钱。

　　凌晨两点还在街上卖串串香的摆摊者，和加班到天亮的办公室白领其实并没有本质上的区别——他们的收入都与自己劳动时间的长短挂钩。

　　反观富人，通常都有着自己的赚钱体系。或创业，自己成立公司，或成为某一领域不可替代的专家。他们往往早早就建立好了自己的系统，利用别人的时间赚钱。完成了初期的资本积累后，剩下的就是让钱生钱。房产增值、利息、股权收益……

结语

托马斯·斯坦利说："如果你的目标是舒适，你就永远没有成为富人的机会。但如果你的目标是成为有钱人，那你终将会有大把舒适的机会。"

有钱人的思维和你不一样。而人与人的差距，恰恰就是思维的差距。只有摆脱让你无法翻身的"穷人思维"，你才有机会实现财富自由，早日进入有钱阶层。

有这种想法的人，只会越过越穷

看过别人分享的一个真实故事：

小时候她家里很穷，有一次跟着妈妈去菜市场买菜，看到摊位边上放了一筐杧果。那是她第一次看到这种颜色鲜艳的热带水果，就好奇地轻轻触碰了一下。摊主看到了，叫她不要摸。她妈妈立刻条件反射似的狠狠甩了她一巴掌，然后带着号啕大哭的她走了。

回家的路上，妈妈跟她说，她怕如果不这样做，摊主就会说杧果给摸坏了，非要她买下来。那可是一大笔钱，可以买很多青菜了。打了她，摊主就不好意思开口了。

这种贫穷的经历，给她带来了巨大的影响。甚至当她长大成人，看到杧果也会远远躲开，皮肤一沾上杧果汁就会发红。

贫穷对一个人的影响，真的是非常可怕。而更可怕的是，穷人越来越穷，富人越来越富。有的人终其一生也无法摆脱贫困。

人究竟是怎样越过越穷的？在《贫穷的本质：我们为什么摆脱不了贫穷》一书中，两位作者深入考察了贫穷国家的穷人生活以及他们相对应的选择，看完我总算得到了一点启发。

01. 穷人信息来源匮乏，容易相信错误的信息

很多人以为，食物的短缺才是造成穷人效率低下、生活贫困的重要原因。

住在印尼的帕克，年过四十，大多数体力活都干不了，也没有足够的学识和经验去胜任技术含量高的工作。他和妻子有十三个孩子，为了生存，妻子只能到外地挣钱，而长子虽然成绩不错，但也只能辍学到建筑工地上当学徒。而帕克本人靠着政府的救济生活，一周有四天每天吃两顿饭，剩下的三天每天只吃一顿饭。

帕克将自己的贫穷归结于没有足够的食物。由于吃不饱，他整个人都虚弱无力、无法干活，而沮丧的情绪也一点点削弱他的意志，使他不再去想该如何解决问题。

那么假设，穷人有足够的钱去买食物，是否就能吃得更多、提高生产能力，摆脱贫困？

《贫穷的本质》的作者在中国的两个地区，随机选定了一些饭都吃不饱的贫困家庭做实验。而实验结果表明，那些贫困家庭，即使有足够的补贴让他们去购买食物，他们也不懂得如何正确地购买。

穷人没有基本的营养学知识，他们在选择食物时，主要考虑的不是价格是否便宜，也不是有无营养价值，而是好不好吃。

　　贫困家庭只需少购买一点昂贵的甜食、加工食品，多买一点叶类蔬菜及粗粮，就可以获得更高的营养物质和能量，从而提高工作的效率，还能有钱剩余。然而，他们并没有这样做。

　　在健康方面亦是如此。很多穷人都坚信将药物直接输送到血液才能让病情好起来，因此他们都很愿意打针、输液。而抗生素、类固醇的滥用，不但会使人的面容老化，还会造成寿命缩短。

　　知识的匮乏、信息的闭塞，往往会让人无法做出正确的判断。

02. 穷人目光短浅、拒绝计划，注重当前的娱乐

　　印度克延比都的菜市场里生活着一群贫穷的小商贩。

　　每天清晨，他们会向富人借 1000 卢比，然后去进货，卖完可赚到 1100 卢比，而晚上，他们要还给富人 1050 卢比。也就是说，他们一天的收入是 50 卢比。

　　其实，只要小贩不把这 50 卢比全花掉，每天剩下 5 卢比用于第二天进货，由于复利效应，他们只需要五十天，就不用再去借这 1000 卢比的本钱，他们的收入就会节节攀升。

　　但是，没有一个小商贩会这样做，他们就天天重复着借钱还钱的动作。

　　穷人通常目光短浅、精神短视，恐惧未知、拒绝改变，因此重复做着错误的选择。

　　《贫穷的本质》一书的作者在摩洛哥的一个偏远山区，遇见了一个叫欧查·姆巴克的穷人。作者问他，如果有更多的钱，他会用来做什么。他说，会用来买更多的食物。作者又接着问，如果有更多更多的钱，会用来买什么。他回答，会用来买更多

好吃的食物。

然而，当作者探访他的家庭时，发现他的家里并非一贫如洗，而是有一台电视机。他笑着说："电视机比食物更重要。"穷人宁可饭都吃不饱，也要攒钱买电视机，并不是为了获取知识，而只是想让自己的生活少一些乏味。

不仅如此，越是贫困的地区，越会花大笔钱置办嫁妆，举行婚礼、葬礼等活动。印度的母亲会提前十年或更长的时间，开始攒钱为自己八岁大的女儿准备婚礼；而在南非，有的家庭宁可让孩子辍学，也要办一场隆重的葬礼。

为什么他们不把那些钱攒下来，投入到真正能使他们得到更多收入、过得更好的地方？

因为穷人不相信自己的生活会发生什么变化，也不肯花时间去制订复杂的改变计划。因此他们只关注当下的娱乐，尽可能地让当前的日子不再那么乏味。

反观我们自身，有多少人会把轻松的事情留给今天的自己，把困难的事情留给明天？对于穷人来说更是如此。

03. 穷人不喜欢防患于未然，缺乏保险意识

穷人的日常生活中充满了风险，一场突变很可能会产生灾难性的后果。

当穷人自己或者亲人得病的时候，穷人就不得不离开工作岗位，从而失去收入来源。因为穷人不像富人，有自己的赚钱系统，当富人停止工作，并不会因此失去收入，穷人却很可能因此倾家荡产。

然而，穷人却很少有预防的意识。在健康方面，穷人常常把

钱花在昂贵的治疗上，而不是廉价的预防上。明明有钱可以买一支疫苗注射，穷人却会把如此重要的事情一拖再拖，直到患上疾病为止。

从疫苗到一些有益于健康的食品、医生开的口服补液，都是一些低成本却可以挽救生命的预防措施，但穷人却看不到其中的重要性。

在保险方面，穷人首先对保险的概念并不是很了解；其次，保险需要预先支付一定费用，为将来生活购买保障，然而，穷人往往耐心不够、不喜欢未雨绸缪。

当穷人因遭遇风险而失去全部财产，甚至走上借高利贷的路后，会失去希望，感到没有出路，这会大大降低渡过难关所需的自控力。而压力又会使穷人产生抑郁情绪，更难集中注意力，降低效率，简直就是恶性循环。

李嘉诚曾经说："别人都说我很富有，拥有很多的财富，其实真正属于我个人的财富，是给我自己和亲人买了充足的保险。"

一个人真正的安全感不是来自现在拥有的满足，而是来自对未知风险的预知和把控。

04. 穷人不重视教育，养儿只为防老

穷人对教育不够重视，他们觉得教育真正的好处并不多。有许多有钱人家的孩子，即使没有任何天赋，也可以受到更多的教育，而天资聪颖的穷人家孩子，则很有可能会被剥夺受教育的权利。

穷人的教育观是扭曲的。上学要么被贬得一无是处，要么被当成改变命运的救命稻草。这种教育观念扭曲了大多数孩子

不成熟的心智，使得许多孩子选择了逃避，过早走上谋生的道路。

由于短视，穷人看不到教育对孩子的重要性。那些辍学的孩子，多数都在从事着最卑微、薪水最低的工作，直到贫穷成为命运，一生难以逆袭。

自控力的低下、毫无计划性的短视使得贫穷成为穷人生活的常态。

结语

贫穷，既是贫穷的原因，也是贫穷的结果。希望你我能从这四点贫穷的本质中获得启发，学会跳出局限性、用长远的眼光看待问题；积极拓宽获取知识的途径，明确自己的目标；克服拖延和懒惰，学会自控。

贫穷不可怕，可怕的是，你不知道自己为什么越过越穷。

一个人有没有见识，就藏在这三个细节里

最近在看以前的综艺栏目《爸爸回来了》，一不小心被华谊总裁王中磊的儿子威廉圈了粉。节目中，这个八岁的孩子像个暖心的小绅士，不哭不闹，不给老爸增加负担。

一次，王中磊带着儿子去宠物商店，碰到了想买蜥蜴却语言不通的西班牙游客。威廉弟弟毫不怯场地充当起了翻译的角色，并用一口流利的美式英语与外国游客聊了40分钟。其间，

话题涉猎了生物学、足球、篮球，还充斥着"蜥蜴""蚯蚓"等
高难度英语单词。

不得不说，一个人有没有见识，是可以通过细枝末节辨别
出来的。它不用刻意显摆，而是一种自然流露。有时候，见识
的广度可以决定一个人的人生高度。而一个人有没有见识，就
藏在这三个细节里。

01. 一个人的见识，就藏在他的谦卑里

我有一个远房亲戚，每次在酒席上和他交谈，都会刷新我
对"没见识"的认知。

席间，有人谈到自己压力太大，已经连续失眠一星期。他听
到马上接口："失眠？什么失眠啊、抑郁啊，我看都是闲的。你
去工地上搬一天砖，看你还会不会失眠！"

没见识的人，他们会对别人所珍视、所苦恼的东西不屑一
顾，还用他们低俗的价值观去评价和诋毁。他们的眼界就如同
待在井底的青蛙一般，目光所及之处都拘泥在自己的小天
地里。

伯特兰·罗素说过：我们这个时代令人不快的事之一就是：
那些确信无疑的人总是很蠢，而任何有哪怕一点点想象力和理
解力的人却总是优柔寡断、自我怀疑。

没见识并不可怕，可怕的是没有见识还大言不惭、固执己
见。而越是见多识广的人就越谦卑，因为深知自己在这个世界
上的渺小，所以越能对他人理解和宽容。

一个人的见识，就藏在他的谦卑里。

02. 一个人的见识，就藏在他读过的书里

在央视节目《中国诗词大会》第二季中，十六岁少女武亦姝的表现令人惊叹。这位身材高挑、气质温婉的才女，最喜欢陆游的诗。

她曾在比赛开始前这样说过："比赛结果对我来说无所谓，只要我还能喜欢诗词，只要我还能享受它带给我的快乐，就够了。"那时刚上高一的她，诗词储存量却高达两千多首。

最令人印象深刻的就是她在"飞花令"环节的表现。飞花令是中国古代酒令之一，双方所吟诗词必须含有事先给定的主题词。

当时，武亦姝与对手围绕"月"字吟诗，在说出"明月几时有，把酒问青天"后，被提醒这句诗重复了。

武亦姝并没有慌张，巧笑嫣然地说出一句新的："七月在野，八月在宇，九月在户，十月蟋蟀入我床下。"她的文化气质令人动容，更唤醒了我们内心深处对中国古典诗词的向往和感动。

不仅是参赛者武亦姝，《中国诗词大会》的主持人董卿，也让人见识了什么叫"腹有诗书气自华"。她在主持过程中，常常是名言诗句信手拈来，恰到好处的点评更是彰显着其丰富的知识储备。

早在上中学时，她就开始三五天读一本名著，直到现在，无论多忙她都会保持每天睡前阅读一小时，而且从不把手机带进卧室。董卿曾说过："我始终相信，我读过的所有书都不会白读，它总会在未来日子的某一个场合帮助我表现得更出色，读

书是可以给人以力量的，它更能给人快乐。"

那些看似无用的诗词歌赋、历史人文，其实会潜藏到一个人的气质里、谈吐上。有见识的人，总会坚持阅读，不断刷新自己的眼界，挑战新的领域。所以他们才能气质如兰、口吐莲花，能对身边的事物都有着自己深刻的见解。

一个人的见识，就藏在他读过的书里。

03. 一个人的见识，就藏在他去过的地方

北宋王安石做了宰相后，在政务闲暇时，常常翻阅各地送来的诗文。

有一次，他看到广东有个秀才写的诗："彩蝶双起舞，蝉虫树上鸣。明月当空叫，黄犬卧花心。"他看了前两句，点头称赞；看到第三、四句时，不觉发笑：明月怎么会叫？黄犬又怎会卧在花心上呢？

于是，他便大笔一挥，把后两句诗改成："明月当空照，黄犬卧花荫。"

直到后来，他辞去职务之后，游历南方。他到南方时才发现，原来南方有一种鸟叫"明月"，叫声婉转动听；有一种昆虫叫"黄犬"，常卧在花心里睡觉。

王安石恍然大悟，原来那两句诗是对的，自己反倒给人家改错了。不亲身游历南方，王安石就无法得知自己在某方面的知识缺陷。

二十世纪七十年代时，美学大师蒋勋在欧洲读书。那时候他写关于文艺复兴的艺术史，老师问他："你有没有去过意大利？"

蒋勋说："还没有。"

老师说："你没有在米开朗基罗的雕像前热泪盈眶，你怎么敢写他？"

后来，蒋勋就在意大利跑了一个月。身上就是一个背包，两件衬衫，睡过火车站、盖着报纸打过地铺。

有见识的人，会从一个地方去到另一个地方，去感受不同文化的差异、不同思想的碰撞，让自己的视野和格局都得到进一步的提升。亨利·米勒说：我们旅行的目的，从来不是某个地理名词，而是为了要习得一个看事情的新角度。

旅行，不是单纯的"上车睡觉、下车拍照"，而是一种改变。去看日出日落、星辰大海，见天地、见众生、见自己，与自己进行深层次的交流。

旅行可以让你的见识更加广阔，让你对世界的感悟更加深刻。一个人的见识，就藏在他去过的地方。

结语

缺见识，让多少人平庸一辈子。别总拘泥在你以为熟悉又舒适的小圈子里，世界从来不只是你身边的样子。

它到底能有多么璀璨，取决于你的眼界和见识。坐井观天，只有一孔之见；登山远望，方知天外有天。

愿你我，能在看过风景、饱读诗书之后，学会谦卑、学会尊重。见过最好的，也承受得了最坏的，不以物喜、不以己悲，宠辱不惊又不随波逐流。

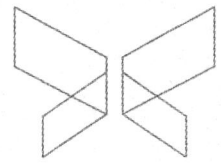

别让未来为现在买单

能够掌控时间的人，才能掌控自己的一生。

这座城市，一半人在拼命，一半人在认命；一半人在抢时间，一半人在耗时间；一半人在燃烧青春，一半人在虚度青春。

你愿意做哪一半的人？

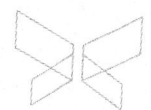

世界正在惩罚不爱思考的人

01

之前和我合租的姑娘小婉，绝对是我见过最勤奋的年轻人。

每天下班回来后，总是匆匆吃完外卖，就马上投入到学习中。晚上七点到八点背英语单词，晚上九点到十点上网看各类付费课程：有理财、时间管理、写作、手绘。手机里下满了成功学励志书籍，等公交时一定会拿出耳机让自己听一段《X 分钟听完一本书》，就连去卫生间刷牙洗漱的时候，也会用手机 App 外放一段知识新闻。

她推掉了很多社交活动，一心只为更好地学习和成长，早日实现升职加薪的梦想。然而，坚持了快一年的她，却向我诉苦道："英语单词背了那么多，和外国客户交谈时还是半天憋不出一句话来；报了那么多课程，职业和生活却没有因此改变，还是原地踏步。"

原来，她的勤奋，只是不加思考的勤奋。毫无方法地每天死记硬背二十个单词，第二天也没有重温、没有任何应用；碎片化学习了近一年，却没有方向、没有目标；从没深入思考过学到的知识是否能构建成自己的知识体系、是否对自己的认知和职场有什么实质上的作用。

外表看起来勤奋，却忽略了更重要的精神上的思考。越来越多的人在逃避思考，希望能用战术上的勤奋，来掩饰战略的懒惰。

李笑来老师曾分享过一个故事。

一次课后，一个学生找到他问："老师，如果我把作文书里的作文全部背下来，在考场上默写一篇，会不会被判雷同呢？"

李笑来生气地回答："你说呢？"

学生红着脸走掉了，李笑来也陷入了思考之中：这种学生，不能说他不努力，不勤奋。

想要把作文书中的上百篇文章都背下来，没有勤奋是做不到的。但是，他显然也是懒惰的：老师想让他掌握写作的方法，他却只想死记硬背。

不爱思考的人，将自己有限的时间和精力都安排得满满当当，效果却不理想。不爱思考，你的勤奋和忙碌毫无价值。

02

数不清这是男友第几次说要卸载掉王者荣耀了。

每次上班的时候跟我说要卸载，却又在下班回家的时候重新下载到手机上。和他出门的时候，无论是在公交车上，还是在午饭时间的小餐馆里，他总会时不时地将手机一横，全神贯注地打起游戏。我简直不能再讨厌那熟悉的"Double kill"的游戏声音。

有一篇文章叫《我们该感谢王者荣耀耗尽了80%的人上升的空间》，据说团队有专门研究玩家的成瘾机制，目的就是让你一旦上手，五分钟之内就上瘾，再也放不下。

可我也没有立场去指责他，毕竟下班后的我，不是躺在沙发上看无脑综艺，就是将微博热搜榜上的明星八卦看个遍。

这个时代，每个人都拿着一部智能手机，接收着无数色彩斑斓的信息，却依旧脑袋空空、任人摆布。大前研一在《低智商社会》一书中说过，日本的新一代，正在逐渐步入"低智商社会"，他们读的书越来越幼稚，对各种谣言丝毫不加思考，很容易遭到媒体的操纵，得过且过、毫无斗志……

不爱思考，是否已经成了这个时代年轻人的通病？

我们刷着公众号、微博、今日头条、知乎，被刺激性的标题所吸引，打开正文后匆匆扫了两眼又马上关掉；占领着热搜榜的永远是明星八卦、丑闻爆料、矛盾纠葛，对个人成长毫无意义，最大的用处就是成为人们津津乐道的谈资；我们在游戏中寻找成就感，却不知自己的上升空间正被一点一点占据；我们越来越缺乏耐心去好好看完一本书，相对的，却收藏了越来越多篇"干货"，渴望通过一篇文章就能摆脱平庸、发家致富。

我们被各种观点欺骗、洗脑、操纵，关注的内容越来越肤浅、低俗，不思考对错就发表充满着戾气的言论。

《乌合之众》里指出，个人在群体中会丧失理性，没有推理能力，思想情感易受旁人的暗示及传染，变得极端、狂热，不能容忍对立意见，因人多势众产生的力量感会让他失去自控，甚至变得肆无忌惮。

逃避思考、只顾当下的娱乐，也许会让我们暂时过得很轻松。然而，时间一长，你会发现：不爱思考的人，正在慢慢失去深度思考的能力，变得越来越肤浅、越来越缺乏内涵。

03

那么，要怎样思考，才能告别肤浅、告别低水平勤奋呢？

①学会过滤信息，找到重点

古典在《跃迁》这本书里提到了三种"时代的溺水者"，其中一种就是无法过滤信息、找不到重点的人。

大脑的信息负荷有限，如果接收过多的无用信息，不但会导致大脑超载，还会错过真正有用的信息。当你在接触到新信息时，必须学会有意识地问自己：我现在读的东西对我有帮助吗？

不重要的信息、不重要的事项，应该主动断舍离。

总有人喜欢抱怨：为什么看了那么多书，却没有什么长进？

为什么这么快一天就过去了，我都不知道自己一整天干了什么？

你应该找到重点，有目的地过滤信息，只做重点事项。就像我之前的合租舍友小婉，如果她能只专注于一项能力的提升，而不是焦虑地涉猎各种信息，想必也不至于碌碌无为。

二八法则告诉我们，大部分人的主要成就，都来自只专注做的那些少数重要的事。就像作家古典所说：低水平勤奋靠努力，中等水平勤奋靠方法论，高水平勤奋靠选择目标。

选择目标、找到重点，过滤掉不必要的信息，才能让你告别低水平勤奋。

②逆向思维，才是解决问题的关键

现实生活当中，如果试试逆向思维，把通常思考问题的思路反过来，反而能更好地解决问题、获得成长。

听朋友的姐姐讲过一件让我拍手叫好的事：

她的女儿今年刚满七岁，有一天晚上放学回家，竟说不想做作业。

她一开始很生气，甚至想凶女儿几句，后来灵机一动，说："那这样吧，我来帮你做作业，你来帮妈妈检查好吗？"女儿兴奋地答应了，并认真地将作业检查了一遍，还耐心地给妈妈讲解哪些题目做错了、应该怎么做。

她肯定不知道为什么妈妈把每道题目都做错了。

逆向思维能让我们想明白很多事情，更能找到问题的根源和解决办法。查理·芒格说："要学会把事情颠倒过来考虑，逆向思维会帮助你发现很多问题。很多难题就是在逆向思考、倒过来考虑问题的过程中发现并解决的。"长期的不思考往往使人们只看到事物其中的一面，使得每个人的言论、处理事情的方法越来越雷同、没有新意。

利用事物的另一面，学会逆向思维，往往会有意想不到的效果。

③刻意练习

某作家说：我们的大脑，本质上是排斥深度思考的。一方面，深度思考要求投入大量的精力，另一方面，我们进行深度思考时，接收不到外界的刺激。

所以我们宁愿将碎片时间拿来愉悦自己，用各种不费脑的娱乐来取悦自己。

我们往往缺少了一种魄力，一种尝试和改变的魄力，一种克服本能的魄力。然而，真正优秀的人，都懂得刻意练习的重要性。

你想要学会深度思考，就去练习深度思考。即使刻意练习的过程中，会伴随着一定程度的痛苦。但当你一步一步接近自己的目标时，你会乐在其中，获得更高级的愉悦。

当你在学习、职场、自我认知等方面掌握了深度思考的能力，你就能更加游刃有余地掌控自己的生活。

结语

大多数人的生活层次只停留在为吃饭而吃、为搭公车而搭、为工作而工作、为回家而回家。他们从一个地方逛到另一个地方，事情做完一件又一件，好像做了很多事，却很少有时间去追求自己真正想要达到的目标，就这样一直到老死。亚里士多德说过："人生最终的价值在于觉醒和思考的能力，而不只在于生存。"如果你不想总是脑袋空空，带着混沌的大脑碌碌无为地度过一生，你应该拥有思考的能力。

不要逃避思考，慢慢培养自己过滤信息、逆向思考的能力，才能活出更有深度的自己。

你活得那么累，为什么还生活在社会底层

01

周末受邀去朋友家吃饭，想着不能空着手去，便在路边的面包店买了一盒慕斯蛋糕带过去。

一进门，朋友家的两个小孩立刻将我围住了，我笑着把蛋糕盒递给他们，两个小鬼欢呼雀跃地开始分蛋糕。没想到，那盒蛋糕竟让他们争执了起来。

原来，盒子里有六块蛋糕，其中五块是巧克力味的，只有一块是草莓味的。孩子们都抢着要那块草莓味的。

其实，朋友告诉我，两个小孩平时都比较喜欢吃巧克力蛋糕。可那块草莓蛋糕却有个重要的优势——稀少。

心理学上有个词叫"稀缺性原理"，即东西越少，想要的人就越多。东西的稀缺性越大，我们觉得它的价值越高，但它实际并没有变得更珍贵。

有句歌词唱得好，得不到的永远在骚动。稀缺的东西对人有着巨大的吸引力。这就是为什么"独家新闻"有着那么高的点击率；为什么网红的淘宝店铺一上新，所有的预售商品都被一抢而空；为什么那么多果粉愿意从凌晨开始排队等着买 iPhone 新款。

限量版、稀缺、独家……这是最能俘虏眼球、激起购买欲的字眼。

在整个欧洲市场，为了追求稀缺性，甚至还默默流行着这样一种服务：个人定制。比如新款包包可以印上自己名字的首字母，牛仔裤可以将自己的名字刺绣上去。

广大商家正是瞄准了当下消费者的消费心理，因此出现了"饥饿营销"、出现了"仅今日有售"。

因为稀少，所以觉得格外珍贵。

02

在这个快节奏的社会中，收获并不是与付出成正比的，而是与付出的稀缺性成正比。

我的表弟刚上大一，叫我帮他介绍合适的兼职，说想趁着周末时间赚点零花钱。我问他想做什么类型的兼职，他挠了挠头，列举了些发传单、奶茶店店员之类的工作。

其实，要找到这类兼职并不困难，满大街都贴着这样的小广告，毕竟需要廉价劳动力的地方比比皆是。这类兼职不需要技术含量，只需要大量重复性的机械劳动。不需要动脑，因此也得不到任何技能提升。

于是我给表弟讲了一个故事：

《社会心理学》的作者斯蒂芬·沃切尔做过这样一个实验。

他将受试者分为两组，请他们评价饼干的质量。第一组被分到整整一盒饼干，第二组只得到两块。结果是，第二组受试者对饼干质量的评价要比第一组高得多。

这一实验经过多次重复，结果都相同。

我问表弟："饼干为什么越少越好吃？"表弟想了想，说了句："物以稀为贵。"

是啊，你付出大量的时间在发传单上，得到的报酬却是一小时十几、二十块，为什么？因为发传单人人都做得到，你的位置谁都可以取代。

能让你变得更有钱的，不是毫无目的地兼职，而是你的稀缺性。

与其将宝贵的时间花在人人都能做的机械性劳动上，不如用来学点新的技能本领，提高自己的不可替代性。你的外语水平非常出色，那么就有机会胜任外国客户的陪同翻译；你能将 PS 玩得出神入化，那么就可以尝试平面广告制作，这些都是你的竞争力。

孙凌说过："一个人是否能够创造价值，决定其是否值钱；而一个人所拥有的能力是否稀缺，决定其能够值多少钱。"深以为然。

03

据英国媒体报道，英国好多养殖场都在招人，职位的名称叫作"小鸡性别鉴定师。"

目前英国只有 150 名左右的小鸡性别鉴定师。因为这种人才太稀缺了，雇主们将薪水提升到一年 4 万英镑（约 34 万元人民币）。

这就是稀缺的魅力。

为什么你那么辛苦，却仍然生活在社会底层？决定你待遇的，不是你有多努力，甚至也不是你有多能干，而是你的位置有多不可取代，你的核心竞争力有多强，你有多不可复制。

结语

无论经济形势如何，企业招人也好、裁员也罢，冗余的永远是人员而不是人才，因为人才永远稀缺。

想要让自己成为稀缺性人才，不妨好好回想一下自己所浪费的时间、错过的学习机会，从现在开始学会多看书、多思考，与能让自己进步的人多交流。

稀缺的重要性，你明白了吗？

别让你的精致，仅仅是生活在朋友圈里

01

前段时间看了一档日本综艺节目《NINOSAN》，节目组跟拍了一个"朋友圈重度患者"的日常。该日本女生叫西上真奈美，每天都会在国外人气社交平台 Instagram 上晒自拍、晒美食、晒聚会照片，社交平台上的她过着令人无比羡慕的精致生活。

然而，这些照片的背后却是……

因为现实生活中没有朋友，她只能自己一个人去一些装潢华丽的咖啡厅拍美食照。为了让照片营造出和别人一起吃饭的氛围，她总是一个人点两份餐。就算讨厌吃蔬菜，但由于蔬菜沙拉的颜色鲜艳，拍起来比较好看，所以每次都强迫自己点。

为了获得更多的赞，经常一个人去一些拍照圣地，请路人和她一起拍照，装作是和好朋友一起拍的。更可怕的是，在社交平台上活得光鲜亮丽的她，家里竟脏乱得如同垃圾场。

原来她的精致，仅仅活在朋友圈里。

她笑着对节目组说，一天不发照片就难受。而且，她装饰社交平台的时间太长、入戏太深，已经扮演成了习惯，看不上那些格调跟不上她的，因此在现实生活中没有一个朋友。

你说她可悲吗？我却能在她身上看见大多数人的影子。各种社交平台就像社会的一个缩影，形形色色的人每天对着屏幕绞尽脑汁地想着如何才能收获别人的评论和点赞，通过外部评价给自己制造片刻的满足感。

平时从不看书的人，喜欢在朋友圈里发一张书的封皮，配上一段估计本人都看不懂的深奥文字。

不爱看篮球比赛、不认识科比的人也跟风在科比退役当天发文祝科比一路走好。

与许久不见的老同学聚会，相对无言，各自默默玩手机，回家后却发合照配文："友谊天长地久。"

朋友圈仿佛变成了一个平行世界，每个人都在这个世界里竭力表演。

02

　　添加的好友越多，我们越是时不时地想去点开朋友圈的小红点，窥探别人的生活。半天不刷朋友圈，几天不发一条动态，就感觉会被时代所抛弃，找不到自己的存在感，被人遗忘。

　　曾经有段时间，我也沉迷于刻意经营自己的朋友圈。咬咬牙花血本和朋友去了次高级餐厅，价钱高到心碎，鹅肝酱难吃到流泪，我却乐此不疲地给每张食物照片加滤镜发朋友圈。

　　购买了一套新的运动装备，办了健身房的卡，就是为了让健身房的前台小妹帮我拍几张在跑步机上挥洒汗水的照片。收获了无数个赞，我却再也提不起兴趣坚持锻炼。

　　去旅行，发在朋友圈里的每张看似漫不经心的抓拍，都是从几百上千张照片里挑选出来的。用各种美图软件给自己瘦脸、磨皮，再加上精心挑选的滤镜，搭配的文字删删减减半小时，确定格调够高后才发出来。旅行对我来说成了炫耀的工具。

　　我在朋友圈里营造出自己过得很好、充满正能量的样子，满足了自己莫大的虚荣心，但每次发完之后，内心却只剩空虚。

　　我们穷尽精力来表演，苦心经营着那些炫目的面具，用表演去赢得别人的赞赏，直到那些夸张而逼真的呈现连我们自己都信以为真，因此兢兢业业、乐此不疲。

　　社会学家戈夫曼在《日常生活中的自我呈现》一书中这样写道："人生就是一出戏，社会是一个大舞台，社会成员作为表演者都渴望自己能够在观众面前塑造能被人接受的形象，所以每一个人都在社会生活的舞台上竭力表演。在人际互动中，不管个人具体目标是什么，他的兴趣始终是控制他人的行为，特别是控制他人对他的反应。"

我们害怕看见面具后真实的自己，那张离开了美图软件就显得黯淡无光的脸、那个杂乱不堪毫无精致可言的房间、那种懒散不堪无趣至极的生活。

03

《黑镜》第三季第一集讲了一个这样的故事：

在女主生活的世界里，人人都用一款社交软件为别人评分。分数高的人享有更好的社会评价以及社会资源，分数低的则找不到工作、如瘟疫般被人隔离。

由于评分体系渗入生活的方方面面，人们时刻都在刷着朋友圈，秀出自己想要让别人看到的一面，以便得到更高的分数。

就像女主，点了一杯咖啡和一块小甜饼，拍照配上一段文字："味美如天堂"，发到朋友圈后，就吐掉了咖啡和饼干。在电梯里见到讨厌的邻居，也要没话找话笑脸相迎，只为互相刷高分。

这样的"打分社会"，让每个人都更加虚伪、不择手段。

女主的平均分在 4.2 分左右，为了住进更好的房子，她需要升到 4.5 分以上。因此，她费尽心机，只为参加她的高分闺密的婚礼。能在婚礼上致辞，必然会得到更多高分人士的 5 分好评。

然而，在去参加婚礼的路上，情况却急转直下，各种遭遇使得女主被恶意评分，最后，分数降到零点几的女主被关进了监狱。卸下伪装的她，终于能够释放自己，和狱友纵情对骂。

不少人沉溺在他人对自我的评价里，因此费力地迎合着别人的喜好、刻意讨好，在朋友圈里营造着假象、发着违心的话语。

我们都是被社交软件所绑架的人，有多少人活在朋友圈或微博的虚拟点赞里无法自拔。

你是否问过自己，你究竟在为谁而活？

04

有人说，一个人的幸福程度，往往取决于多大程度可以摆脱对外界的依附。活在朋友圈里，也许你永远也无法感受到现实的幸福。

你的幸福，仅仅存在于朋友圈吗？

①**比起时刻想着发朋友圈，好好地感受生活吧**

热爱生活的人，发朋友圈是为了分享当下一刻的精彩，庆祝平凡生活里的美好点滴。

比如，坚持健身半年，终于练出了马甲线，看见了充满可能性的自己，于是发一条朋友圈褒奖自己的毅力。今天的早餐营养搭配均衡，颜值还高，发一条朋友圈鼓励自己今后也要重视每天的早餐。

这些朋友圈，记录了自己的每一次改变与突破，是生活中美好片段的纪念。而有些人却本末倒置，活在他人的评价里，为了发朋友圈而去旅行，为了发朋友圈而去做公益慈善，为了发朋友圈而去点一些自己根本不喜欢的食物。

这些人不断给别人点赞，只期望通过别人的回赞可以让自己有成就感，让自己看起来很受欢迎。一旦没人关注就陷入了深深的痛苦："我昨天才给他的朋友圈点赞，为什么今天他没有给我点赞？我是不是做错了什么？"

凡事太过刻意，便是不高级。

在旅行途中，不妨放下手机，好好感受一下当地的风景，因为当下的体验才是最宝贵的。

偶尔去了一次图书馆，比起发朋友圈显摆，不妨真的静下心来好好阅读一本书，让自己的智慧得到进一步提升。

比起时刻想着发朋友圈，好好地感受生活吧。

②关注自己，没人会时时刻刻在意你

现在的朋友圈，功能越来越多，有分组可见和不可见，有"仅展示最近三天朋友圈"……

有的人发一条朋友圈，要纠结该给谁看和不给谁看，害怕有些人会觉得你发的朋友圈档次太低，害怕另一些人又觉得你太装，等纠结完，想发朋友圈的心情也就没有了。

一个人成熟的标志，是明白发生在自己身上99%的事情都与他人无关。

其实在朋友圈里，没人能真正地了解你。你只在朋友圈里展现你想让人看到的一面，朋友圈就像盔甲一样保护着你，让你藏身于后倍感安全。但是一旦离开它后，真实的自己却是孤独又空虚。

结语

毕淑敏说：幸福是一种内心的稳定。当你开始关注自己、认真生活，你会发现，比起虚拟世界的点赞，每天都在进步的自己更值得期待。

未来的你，会感谢现在自律的自己

01

　　有一档节目，曾经跟拍过一位 100kg 宅女的一天。

　　宅女的名字叫小舞，和男友住在一起。早上八点，男友独自去上班，小舞依然在睡梦中，完全不准备醒来。快到中午的时候，小舞慢吞吞地起床，拿出最喜欢吃的甜面包，一口接一口吃得不亦乐乎。

　　下午两点，她坐在椅子上，开始玩电动游戏。玩游戏的同时，嘴也没闲着，不停地吃着零食。就这样玩到下午四点，可能是玩游戏玩累了，小舞钻进被窝午睡。

　　傍晚六点，她没等男友回来，一个人先吃晚餐。满满的一碗米饭，淋上大量的萝卜泥和橙醋，小舞三两口就将拌饭吃得一干二净。

　　晚上九点，小舞开始做男友最爱吃的炸鸡块，炸了足足有 3 人份。

　　晚上十一点，男友带着给小舞买的冰淇淋回家了。加班到很晚的男友，终于可以吃晚餐了。而坐在他身后的小舞，明明已经吃过晚餐，却看着炸鸡块欲言又止。

　　男友问：“要吃吗？”

　　小舞笑了：“嗯，那我就只吃一点。”

结果，一整盘炸鸡基本都被她吃光，到最后，她甚至将男友的米饭都抢过来吃。吃完最后一口炸鸡，吃完男友带回来的冰淇淋，小舞马上钻进了被窝。

男友向节目组吐槽："她一直都是这样。差不多十分钟过后就会听到她打呼噜的声音。完全不懂她为什么那么累。"

看着小舞极度不自律的生活作息，我终于明白她一百二十公斤的体重、满脸的痘痘从何而来。饮食毫无节制，沉迷游戏，拒绝运动，不断放任自己，没有生活目标，将每一天过得浑浑噩噩。

茨威格曾在《断头王后》中写过这样一句话：她那时候还太年轻，不知道所有命运赠送的礼物，早已在暗中标好了价格。

及时享乐，放纵自己的欲望，看上去活得随心所欲。但她却不知道：每一个不自律的行为，都会给她带来更大的痛苦。

02

你见过身边最不自律的人是什么样的？

一年前，我在一个文学同好群里认识了艾丽。她那时候没有工作，把自己关在不到三十平方米的出租屋里，整日不出门。在家里蹲了两年的她，对外面世界发生的事情都漠不关心。

唯一能连接她与外界的，只有给她送奶茶汉堡的外卖小哥，和偶尔给她转点生活费的父母。

那时候的直播、短视频平台还不发达，她对游戏、电视剧也毫无兴趣。是什么支撑着她一个人度过了整整两年呢？

是网络上一本又一本的言情、玄幻、穿越、玛丽苏、宫斗、仙侠、重生小说。在小说的世界里，她可以穿越到清朝，与四阿哥、八阿哥上演一段爱恨纠缠；她可以化身为逆袭的热血少年，一路升级打怪，收小弟、开后宫，最终成就世界第一；她可以和英俊潇洒、腹黑邪魅的霸道总裁谈恋爱，还有温柔深情的男二号为她默默付出；她可以不停歇地重生为霸者、仙人、隐士……

现实生活中的不如意，都消散在一本又一本的爽文中。那种为了骗取点击量而各种堆砌的"爽文"，各种套路各种低级感官刺激，她都甘之若饴。白天看，夜里看，看得飘飘欲仙，看得精神恍惚，看得分不清虚幻和现实。最后，因为作息颠倒、饮食不规律、用眼过度，她的身体彻底垮掉，被父母接回了老家疗养。

因为生活太安逸，他们对世界既没有关心的动力，也没有改变的欲望，而是沉醉在所谓的"奶嘴文化"中不可自拔，在虚拟世界里寻觅高强度的感官刺激。

不自律，让一个人在浑浑噩噩、随波逐流的日子里，毫无意义地耗费着生命。到头来，身体和意志力都在自我放纵中逐渐沉沦，一个人离毁灭也就不远了。

03

我们上班摸鱼、刷朋友圈，下班打游戏、看没有营养的网文和狗血电视剧。我们毫无顾忌地吃垃圾食品，放弃健身和有益的阅读。我们熬夜修仙，仿佛时间永远不够用，内心的空虚和迷茫却渐渐将我们吞噬。

年少时，我以为随心所欲才是自由。直到现在才明白，自律，才能带来真正的自由。康德说："如果我们像动物一样，听从欲望，逃避痛苦，我们就成了欲望和冲动的奴隶。"所以，自律是一个人自我救赎的开始。

有人认为，自律需要很强的意志力，令人痛苦不堪，难以坚持。然而，哈佛大学心理学教授 Tal 却通过实验揭示：一个高度自律的人，完全不是依靠意志力，而是依靠例行公事。就像村上春树在《我的职业是小说家》中提到的那样：当自律变成一种本能的习惯，你就会享受到它的快乐。而跑步和写作，对他来说已经变成了每天必须完成的例行公事，和一日三餐一样必不可少。当自律成为一种习惯、一种生活方式，一个人的人格和智慧也会变得更加完善。

如果在我更年轻一点的时候，有人跟我说要自律，我一定会不屑一顾。那时候的我，不懂节制的重要性。认为生活应当丰盛而绚烂，想吃的东西一定要不遗余力地吃，想爱的人就要不顾一切去爱。直到不自律成为生活的常态，我才发觉放纵并没有让我更快乐。

有段独居的时光，我经常在晚上点各种外卖。明明已经点了一份套餐饭，却仍抑制不住想吃鸡排，就又下单买了鸡排和奶茶。我把食物一口接一口往嘴里塞，吃到快窒息，吃到最后自己都开始厌恶自己。第二天却又开始这样的恶性循环。

可以支配的时间比在学校的时候多出了很多，一晚上可以将各种综艺翻来覆去看十几二十遍。然而，却远远不如当初自习了一晚上回到宿舍后看一小集电视剧来得开心；和朋友在KTV里唱歌喝酒到半夜，以为夜夜笙歌才是年轻的证据。然而，参加再多的聚会，也只会让自己内心更加孤独与空虚。

周国平曾说：节制的本质就是认识自己。只有自律，才能让你洗尽铅华，遇见最本真的自己，收获最纯粹的快乐。

我不再暴躁地吃下很多东西，而是学会享受食物最原本的滋味。慢慢地咀嚼每一口米饭、每一根青菜，只要一点点美味就足以让我心满意足；我不再浮躁地追求别人拥有的东西，而是让心灵真正沉静下来，做些对自己来说最重要的事情；我开始倾听内心的声音，开始爱上了规律的生活。

我终于明白，人只有懂得了节制和留白的美丽，才能算读懂了人生。

04

那些活得极度不自律的人，大部分都作茧自缚，在堕落中慢慢沉沦。做欲望的奴隶看似轻松，到头来却只会给我们带来更大的痛苦。

还记得日本的萌妹子大胃王木下佑香吗？这个身高157cm，体重还不到45kg的姑娘，一个人可以吃下3kg拉面，4kg牛排盖饭，100个烤饭团。好多人都羡慕她那种吃不胖的体质，渴望能像她一样胡吃海喝却不长肉。

然而，时间一长，大家都看出木下胖了很多。不但脸变得圆润，连手指也开始变得肉肉的。木下说，自己整整胖了7kg。随着年龄的增长，她的基础代谢变低，又不爱运动，所以慢慢变胖了。当暴食成为习惯，量变引起质变，总是会付出代价的。

身边有一些女生，管不住嘴却又想变瘦，就尝试了一种很极端的减肥方法：催吐。她们不留余地地大吃特吃，吃完后马上跑到卫生间催吐，把还未消化的食物吐出来。这样做的后果是，许多人因此患上了胃病、厌食症，为自己的欲望付出了惨痛的代价。

不懂节制的人，总是在内疚、焦虑和无尽的悔恨中煎熬。而自律，才是唯一的救赎。月满则亏，水满则溢。节制，让自己更能珍惜生活中的每一寸感动，获得真正的喜悦。花未全开月未圆，也许才是人生最好的境界。

结语

当你通过自律，达到了自己心心念念了很久，却难以坚持的目标，你会突然发现：世界好像对你友善了一点。

对现在的自己严格一点，时间长了，让自律变成一种习惯，未来的你会感谢现在的自己。

毁掉你的不是高房价，而是没有方向的自己

01

在看《欢乐颂2》的时候，一个小小的细节让我感到痛心不已：

邱莹莹在跟樊胜美和关雎尔说起正在追她的小男生应勤的时候，谈到他不仅有辆车，还有一套正在按揭的房子。樊胜美听到这句话，马上如同受到十万点暴击一般，眼神飘忽、默不作声了。随后以倒垃圾为借口，逃离了房间，靠在门上自言自

语："九零后都买房啦?"随即便开始埋怨起自己的男朋友都过了三十岁了，还没有一套房子。

在上海打拼多年，被原生家庭榨干了所有存款的她，想要有个自己的房子的愿望可见有多么迫切。

最近几年，房价始终是大城市里年轻奋斗者心中不敢轻易谈及的痛。

我曾在朋友圈里看过一个关于房价的故事，记忆尤深：

一个深圳商人，十年前，以八十万元的价格卖掉了一套自己在南山的大房子，还掉银行贷款后，拿着剩下的六十万去创业。经过几年的努力，白手起家的公司慢慢走上了正轨。辛苦打拼到2017年，终于赚到了四百多万元纯利润。

于是，他用这些钱做首付，把自己当初卖掉的那套房子又买回来了。

这个段子一般的故事，揭示了关于房价的触目惊心的事实：你挣钱的速度，远远追不上房价的上涨速度。

许多人奋斗多年的存款，加上老家父母一辈子的积蓄，也买不起一线城市市区的一个卫生间。于是，有了"逃离北上广"，有了"反正再努力也买不起，不如不要努力"之类的论调。

除了高房价，你有没有想过，自己辛苦工作多年仍买不起房的原因究竟是什么？

02

我的朋友程安安，毕业后去了上海发展，找了一份高薪的日语翻译工作，让人好不艳羡。前几天跟她聊天，开玩笑地问她工作了这么多年，存下了多少存款。

她却告诉我，不但没存下钱，连信用卡都透支了。我问她钱都花哪了，她说："钱都用来投资自己了啊。"

花几万块钱报了个雅思班，不是因为要出国，只因为"觉得英语好的人很酷"。于是兴致勃勃地去听了几次课，发现如同听天书一样，上课总是忍不住想打瞌睡。

意识到自己英语基础的薄弱后，她又马上买下好几本英语词典，从背单词开始。坚持了几天之后发现自己背过就忘，每次都要按字母顺序再从头开始背，眼前的第一个单词永远是"abandon"（放弃），于是只好放弃。

公司楼下健身房新开业，买一年送一年，于是又花几千块钱办了张卡，准备练出傲人的马甲线。两星期后，去健身房的新鲜感一过，几千块的卡又形同虚设了。

逛知乎的时候发现，字写得好的大神比比皆是，不如自己也用闲余时间练练字吧。买下了昂贵的钢笔和字帖，练几页字就发朋友圈。被人评论一句"怎么这么闲"之后就干脆不练了。

为了看专业书而买了 Kindle，结果倒是下了很多修仙小说来看。被父母催着趁年轻应该多考考证，于是报了个和自己职业毫无关系的公共营养师的课程。

你说她不努力、不上进吗？她花了这么多钱，都是为了提升自己。

看了太多的鸡汤，觉得只要花钱在自己身上，就是对自我的投资，日后必能成为全方位的人才，升职加薪，买房也不再是遥不可及的梦。

然而现实却是，程安安花了那么多钱投资在自己身上，能力却没有得到任何提升。以她的薪资水平，这么多年她乱花的那些钱，起码也够三线城市一套房子的首付了。

然而工作这么多年，却还没有存款，是不是应该反思一下自己，做的是毫无方向的努力？

没有方向的努力，不是投资自己，而是瞎忙活、花钱打水漂。看起来正能量无比，实际上毫无意义。除了感动自己，永远也不可能让你成为成功者，过上你想要的生活。

03

并不是说不买房的人生就不幸福，买了房的人就一定是人生赢家。

人生有千百种活法，拘泥于房子、车子等物质形式未必会过得幸福。但是，有买房梦想的人，当你将自己的失败归结于高房价的那一刻，你就注定活得不快乐。

那么，应该如何正确地投资自己，让自己离买房的梦想更近一步？

①将一件事做到极致

有的人，对自己的人生有着精准的定位，能把一件事情做到极致。

新东方创始人俞敏洪，经营新东方二十多年，有无数次做房地产、投机的机会，但他全部拒绝了。唯一的理由就是，这些事情会分散他的精力，会让他无法全身心投入到新东方的事业里。

寿司之神小野二郎，将工匠精神发挥到极致，专注于做寿司这一件事，终于成为日本"寿司第一人"。

再比如万年诺贝尔文学奖陪跑村上春树，在立志成为小说家后的三十多年里，每天凌晨四点半起床写小说，晚上九点钟睡觉，一心只为写作这一件事。

任何没有计划的学习，任何没有方向的努力，都只是自欺欺人而已。能够超越眼前利益，看到长远格局的人，少之又少。

把一件事做到极致，胜过你把一万件事做得平庸。

②找到自己的斜杠

买不起房的重要原因之一，想必就是：全部收入都来源于一份固定工资。

朋友最喜欢和我玩的游戏之一，就是计算以目前的工资，要不吃不喝几十年才能攒够房子的首付。结果她总是越算越心酸，对人生失去信心。

然而，现在的时代是斜杠时代，你的"第二职业"带来的收入，也许会比你的本职收入更多。

去年认识了一个旅友，二十刚出头的年纪，从农村出来白手起家，既开了自己的服装店，还去培训了美容技术，利用自己积累的人脉，在朋友圈里将美甲、染眉等业务做得风生水起。

前些日子和她聊天，她得意地说已经准备买房了。

这个时代，像这样的斜杠青年，比比皆是。有人利用下班时间写作，出版了好几本畅销书；有人喜欢看电影，写出的影评高居豆瓣首页，吸引了无数人关注，赚足了广告收入；有的人业余时间接些设计、文案的工作，渐渐创立了属于自己的品牌。

对自己第二技能的投资，坚持下去必有回报。比起焦虑地将买房停留于口头、盲目地乱花钱，还不如尽早开始储蓄，重视存钱。毕竟用于理财的原始资本的积累不是一朝一夕就能完成的。

结语

选对方向，比盲目前进更重要。投资自己也要讲究回报，正确地投资自己不单单是为了赚取金钱和所谓的房子，更重要的是让我们活得更有尊严、更有价值。希望你我，都能在奋斗的过程中，找到最适合自己发展的那条路。

层次越低的人越喜欢花时间在这三件事上

01

层次越低的人，越喜欢花时间在娱乐八卦上。

在地铁上，偶然听到邻座两个男生的对话。

其中一个说："这几天热搜上都是这个明星，想到以前居然还看过他的书，觉得自己好没品位啊。"

另一个说："是啊，你有没有听说最近有关他的一个八卦……"

我转头看了他们一眼，发现两个穿着高中校服的男生一边玩着王者荣耀一边聊得津津有味。

我们进入了一个全民娱乐的时代，不管自己身上有多少烂摊子没收拾，我们只关心明星又出了哪些丑闻。

各类娱乐新闻占据了我们的大部分时间与注意力，所有严肃的话题、思考都被用娱乐化的方式对待。蒋方舟曾说过："在这个时代，文化变成了一个看似非常喧嚣但其实非常沉默的事情。"

看上去人人都在发表着意见，朋友圈和微博永远不缺热门话题，但你会发现：大家关注的信息越来越肤浅、越来越趋向统一，没有人关心真相是什么，人们只愿意相信他们希望的真相。

尼尔·波兹曼在《娱乐至死》一书中写过这样的一段话："一切公众话语日渐以娱乐的方式出现，并成为一种文化精神。我们的政治、宗教、新闻、体育、教育和商业都心甘情愿地成为娱乐的附庸，毫无怨言，甚至无声无息，其结果是我们成了一个娱乐至死的物种。"

层次越低的人，越喜欢花时间在娱乐八卦上。越来越多的人患上了网络依存症，对各类娱乐新闻上瘾、产生依赖，人云亦云，附和跟风，沉溺在虚拟的世界中不能自拔。

有人说，你的时间花在哪，你就会成为什么样的人。格局高的人，不会花太多时间在娱乐上。

对此，我深以为然。

02

层次越低的人，比起关注自己，越喜欢花更多的时间在关注他人上。

中国著名作家杨绛曾给一个向她请求解惑的年轻人写信说：

"你的问题就在于读书太少，想得太多。"而有些人的问题则在于，关注自身太少，关注他人太多。

我的朋友程，大学毕业后被男方劈腿，失恋让她彻底变了一个人。原本报的英语培训班也不去了，朋友圈再也看不到她在健身房打卡训练的影子，原本群里就属她最爱聊天，失恋后竟变得沉默寡言了。

偶尔约她出来一次，发现她的所有注意力都在手机上。

"我控制不住自己，真的。"她的眼圈红得像几天几夜没睡，"我不停地刷新他的微博和朋友圈，就怕错过他的任何信息。"

"我害怕他上传和那女的的照片，可是我又忍不住不去看，看她到底比我好在哪里，经常一看就是几个小时，做不了其他任何事。"

我沉默了。也许失恋过的人都经历过这种阶段，但将时间花在过度关注别人上，实在不明智。

这个时代，我们通过各种社交软件去窥探别人的生活、别人的思想、别人的当下，然后与自己作比较。你回到狭小拥挤的出租屋，想起了公司经理，满心惆怅："我要是能当上经理就好了，每个月工资比现在翻一倍呢。"

躺在床上刷朋友圈，看到了老同学的旅游照片，羡慕至极："嫁个好老公就是命好，不用工作到处旅游。"

你沉浸在怨天尤人的情绪里，满眼都是自身与他人的差距，总是无法感到快乐。层次越低的人，比起关注自己，越喜欢花更多的时间在关注他人上。

然而，每个人都是独立的个体，人生何其有限。比起时刻注视着他人，多关注自身的成长，尽自己的一切努力让生活少点遗憾，才能过上快意人生。

当一个人把他的精力和时间从关注外界转向关注自身的成长时，才能拥有更高的格局。

03

层次越低的人，越喜欢花时间在不重要不紧急的事上。

假如你在森林中看到一名伐木工人，为了砍一棵树已辛苦工作了五个小时，精疲力竭却进展缓慢，你当然会建议他："为何不暂停几分钟，把锯子磨得更锋利一点呢？"对方却回答："我没空，锯树都来不及，哪有时间磨锯子！"

这像不像舍本求末的你。我们每天有大大小小的事情要处理，总有忙不完的感觉。其中，那些鸡毛蒜皮的小事占用了我们太多的时间，让我们无法集中精力去关注那些更有重要价值的事情。

你有空刷朋友圈，却没空好好规划一下自己的职业生涯；你有空沉迷于不费脑的网络小说，却没空阅读经典书籍；你有空聊娱乐八卦，却没空管理一下横向发展的身材。

层次越低的人，越喜欢花时间在不重要不紧急的事上。有句古话叫"工欲善其事，必先利其器"，只有将时间花在磨炼自己，从身体、精神、心智到待人处事四个层面，才能增进个人产能，累积其他修养的本钱。

《高效能人士的7个习惯》一书里说："人生最值得投资的时间就是用在磨炼自己上。"

这种修养功夫完全得靠自己，旁人无法越俎代庖，因为它属于重要而不紧急的事。美国管理学家柯维提出了一种时间管理理论，把工作按照重要和紧急两个不同的维度进行划分，我们的事务基本上可以分成四个象限：既重要又紧急、重要但不紧急、紧急但不重要、既不重要又不紧急。

我们往往最容易忽略的就是"重要但不紧急"的事，而把过多的时间花在"紧急但不重要""既不重要又不紧急"的事情上。高效率的人会干脆利落地拒绝生活的复杂性，相比之下，普通人则会对事情的重要性次序有所困扰。

这时你就要问自己一句：这件事是否对我今后的个人生活产生重大的影响？

不刷朋友圈一天不会让你有什么重大的损失，而没空规划自己的职业生涯、浑浑噩噩地选择了不适合自己的职业，则会让你损失惨重。

不刷网络小说也许会让你少了一个娱乐项目，但长久不进行深度阅读则会让你越来越缺乏独立思考的能力。

有人说：你天天这么忙，才是你做不成大事的原因。

唯有将时间的重心安排在重要的事情上，才能拓展自我成长的空间。

在自媒体作者周冲的文章中看到过这样一段话：当你的时间不再用于深度学习，当你的注意力被他人瓜分，当你只看综艺与电视剧，当你在群体中待的时间越来越长，当你执行力越来越差，当你评价他人的次数越来越多，当你抱怨越来越频繁，当你回想往事的频率越来越高……毁灭就已经发生了。

如何分配你的时间，取决于你。

罗振宇说：未来，在时间这个战场上，有两门生意会特别值钱。

"第一，就是帮别人省时间。第二，就是帮别人把省下来的时间浪费在那些美好的事物上。"

　　能够掌控时间的人，才能掌控自己的一生。

结语

　　这座城市，一半人在拼命，一半人在认命；一半人在抢时间，一半人在耗时间；一半人在燃烧青春，一半人在虚度青春。

　　你愿意做哪一半的人？

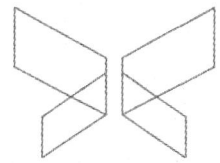

3

圈子决定了你的层次

人到了一定的年龄，生活似乎变成了一个简单的圆。

每天重复着两点一线的生活，心中的沉闷无人可知。

我们囿于厨房，却依然向往山川湖海。

有人说："一辈子很长，要和有趣的人在一起。"因为，好看的皮囊千篇一律，有趣的灵魂万里挑一。和有趣的人在一起，即使旅途漫漫、前路未知，也能一起将平凡的日常过成一首诗。

人际交往中这样说话的人不可深交

虽然说话是一种本能，但如何说话却能影响一个人的人际交往。

沟通是不可逆转的。就像已经挤出来的牙膏几乎不可能再塞回去，已经说出去的话也不可能再收回来。

在聊天过程中，这样说话的人，最好不要深交。

01. 每句话都以自己为中心的人

在我们周围总有这样一种人，和他聊天，他永远不关心你的感受，只想自说自话，表现自己。

朋友曾跟我说过一件啼笑皆非的事情。

她去相亲的时候，遇到了一个极品男。和他聊天，他讲起话来通篇都是以"我"字开头，无论聊什么他都能扯到自己身上来。炫耀自己身上衬衫的品牌，显摆自己的学识与经历，仿佛没有他不知道的事情一样。

当朋友整整听了一小时他的夸夸其谈后，终于忍不住，准备找借口离开。

朋友说："我单位刚才来电话，说有个比较紧急的任务，我可能要现在过去加班了。"

正常的人听到这句话也许会就此打住没聊完的话题，礼貌地道别。贴心点的也许会问一句需不需要送她过去。

而该男则将话题又扯到自己的身上："你们单位这么不人性化呀？我们公司那里从来不用加班，而且……"

这种人真的很可怕，你跟他说的每句话，其实他都没有听进去。他想的只是，如何借机夸耀自己一番，或者顺便贬低别人一番。跟这种人相处，总会有种全身不对劲、不舒服的感觉，让人想要逃离。

心理学上有这样一个实验：与别人聊天时，在几分钟之内"我"字出现不超过5次，对方对你的好感度会增加50%，反之，就会遭到不同程度的反感。

那些活在自己的世界里、每句话都以自我为中心的人，其实根本没兴趣知道你的事，又怎么和他深交？

02. 说话"直"的人

有多少人打着"直率"的幌子，随意用言语伤害别人，还一副毫不自知的样子？

以前班里有个和我很要好的女生，我从来没有见过她穿凉鞋的样子。

即使在最炎热的八月，她也是穿着球鞋或帆布鞋，把脚包得严严实实。

有一次，她终于穿了一双坡跟的白色凉鞋来上课。我马上注意到了，笑着问她哪里买的凉鞋，很好看。其他人也围了过来，纷纷打趣她早该这么穿了。

这时候，一个平时大大咧咧的男生凑了过来，看了一眼就说道："你的脚好胖啊，脚趾还那么短，难怪以前没见过你穿凉鞋，确实不好看。"

那女生当场脸红得就像快滴出血来，其他人也尴尬得不知说什么好。

从那以后，我就再也没见过她穿凉鞋。有些言语上的伤害，给人带来的影响是一辈子的。

因为说话直，就可以为所欲为口无遮拦吗？因为说话直，你唐突冒失的措辞就应该被原谅吗？

恕我直言，这不是什么真性情，也不是所谓的坦诚，而是一种自私。

在人际交往中，沟通的技巧、交往的艺术，那些都不是最重要的。重要的是你有无一颗尊重别人的心。

别把情商低当作伤人的借口。你说话直，我就有义务多担待着点？

"我这人说话直，你别介意啊。"

"那你就闭嘴吧。"

03. 对亲人说话难听的人

越来越多的人，习惯将最好的脾气给陌生人，最差的耐心留给亲人。

大学刚毕业的时候，实习单位里有位同事生日，请我们去他家吃饭。这位同事平时待人彬彬有礼，在餐厅点菜的时候，都会微笑着对服务员说"谢谢"，我们都觉得他是个脾气特别好的人。

然而，当我们去他家的时候，看到他对待父母的态度，都吓了一跳。

他妈妈满脸笑容地给我们端上饭菜，同事却忍不住大发雷霆："妈！我不是说过，不要再穿这条破围裙了，你怎么这么给我丢脸呢？"

他妈妈一脸惭愧地看着他，用手不断拉扯着围裙上的那个破洞。我们几个同事都面面相觑。

其实很多人都是这样，面对亲人，总觉得无论说了什么都会被原谅，因此总是忍不住大发脾气。在外面受了委屈，无法在外人面前发泄出来，就只好对着家人宣泄。

然而，自己的压力得到了释放，却对家人造成了不可避免的言语伤害。

周国平说："对亲近的人挑剔是本能，但克服本能，做到对亲近的人不挑剔，则是种教养。"希望每个人都有这种教养。

我喜欢跟有同理心的人聊天。和这样的人说话，总是有如沐春风之感。同理心，又叫换位思考，是指站在对方立场设身处地思考的一种方式。有同理心的人，能够体会他人的情绪，理解他人的立场和感受。

结语

与人交往，最重要的从来都不是对方的说话技巧，而是说话者有没有一颗愿意去体谅他人的心，在开口之前肯不肯设身处地地考虑下对方的感受。杰克·坎菲尔说："你必须有正视缺点的勇气，才会有享受优点的福气。"在交谈之中，让对方觉得舒服，也是一种基本的修养。

愿你擦亮双眼，学会辨别。

边界感，才是人与人之间最宝贵的品质

01

看《我的前半生》的时候，我也被"国民好闺密"唐晶圈了粉。

当子君被丈夫抛弃，崩溃无助的时候，是唐晶第一时间站出来维护她，成为她最坚实的后盾；当子君决定重新开始，在卖化妆品的便利店里辛苦加班的时候，是唐晶心疼地跑来看她，蹲在地上端着饭盒一口一口喂她吃；当子君赶地铁时被人挤掉了鞋子，是唐晶在上班路上绕道过来接她……

就是这样一个完美的闺密，最后却遭到男友和闺密的双重背叛。

其实，唐晶的问题，就在于在这段关系中，缺乏了一种边界意识。

闺密有难，确实可以用自己优越的条件来帮助对方走出困境，但并不代表她要24小时照顾着对方，甚至要求自己的男友也同样对闺密心怀热忱、随时待命：

子君心情不好，将自己关在家里，工作中抽不开身的唐晶就让男友贺涵帮忙去家里看看她；

子君赶地铁被挤掉了鞋子，唐晶想也不想就让她打电话给贺涵，看能不能顺路捎上她；

子君搬了新家，平儿住不习惯要小孩子脾气，唐晶就让贺涵买些玩具给子君送过去……

正是由于唐晶一次次的差遣，让原本互相讨厌的子君和贺涵之间逐渐产生了依赖与好感。

凡事，都需要有个界限，当好心突破了界限，最终只会让亲密关系破裂。

在陈海贤老师的书中看过这样一个故事：

从前有位善良的女士，她去散步时看到一只流浪猫，觉得猫很可怜，就把它带回家好好喂养。过了几天，她去散步，又遇到一只野猫，觉得它也很可怜，只好也带回家收留。

第三只、第四只……很快，她的家变成了猫窝，她所有的生活，都被猫所占据。

她一边在家养猫，一边怒气冲天，觉得自己的生活被这些猫毁了。可是要她扔下这些猫，又于心不忍。

陈海贤老师说：无论出于什么样的善心，助人者和求助者之间都应该有边界。这句话适用于所有的朋友关系。

真正成熟的人，在对待朋友的时候，懂得明确界限、自尊自爱。当界限感逐渐缺失，朋友间所有的东西都拿来共享，反而不利于关系的稳定和持续。

学会将自己放在首位，为自己建立边界，足够的自尊和自爱才会让人际关系变得更好。

02

生活中随处可见界限不分的人。

之前有过一次不愉快的动车经历。邻座是位四十多岁的大叔，一落座就开始用特别大的嗓门讲电话，声音大到震得我耳朵生疼。

那时候我正在默背着一段英语的自我介绍，因为一下车就要赶去一家外资企业面试。

然而，在那种情况下，我根本无法集中精力。我很想对他说："能不能稍微小点声？"这个念头在我脑子里千回百转，最后还是不好意思开口。

在他打完第三个电话之后，终于有了片刻的安静。就在我以为终于可以静下心来好好准备面试的时候，大叔兴许是因为看到了我手里那张写满英语的纸，开始跟我搭话："小妹，你是英语专业的吧？"

"不是。"我礼貌性地回复他，继续低头默背。

"哦，那你还真是刻苦。"他感慨地说，"我小孩就不用这样辛苦背英语，因为我让她从小就去上最好的双语幼儿园，里面的英语老师都是外教。刻苦是好事，毕竟也不是所有人都有那个家境从小学英语的……"大叔开始自吹自擂，顺带着将我贬低一番。

我憋了一肚子火无处发泄，后悔不已。如果我一开始就能守住自己的界限，别人就不会一次次地闯入我的领地。

小楼老师说过："让别人知道你的界限在哪里，是你的责任。"

回想以往，我却总是习惯性地容忍陌生人的越界：

看电影时小孩子在边上的吵闹、排队时大妈肆无忌惮的插队、深夜清晨时分楼上传来的钢琴声……

忍让、迁就也许暂时让别人开心了，那种不舒服的感觉却在自己心中积累，并且下次遇到相同的情况还是会被无限越界。

只有当你建立了明确而坚定的边界后，别人才会尊重你。真正成熟的人，对待陌生人的时候，懂得既尊重别人，也保护自己。

这才是陌生人之间最深层次的教养。

03

亲人之间也需要边界意识。

看《欢乐颂2》的时候，觉得里面所有主角的妈妈们都很不可理喻。

关雎尔的妈妈，事无巨细将女儿的生活牢牢掌控，将"我是为你好"挂在嘴边，不顾女儿的意愿强行安排相亲；小包总的妈妈，没完没了地调查自己儿子的女朋友，三番五次地触犯安迪的底线，肆无忌惮地干涉晚辈的生活；樊胜美的妈妈，重男轻女的典范，不断压榨着自己的亲生女儿，甚至不惜牺牲女儿的幸福，也要纵容儿子胡作非为。

像她们一样，无数父母将自己的意志强加在子女身上。在这种过分干涉里，每个人都会不舒服。

有人说过，在中国式家庭关系里，人与人之间的界限特别模糊。多少父母打着"为你好"的旗号，不管不顾地侵犯子女的隐私，试图控制子女的生活。

然而，子女不是父母的附属品，而是一个独立的个体，他享有支配自己生活的权利。

真正成熟的人，对待亲人的时候，懂得真诚沟通、保持各自的人格独立。很多人在试图维系亲人间的亲近感时，不自觉地放弃或者模糊了与亲人的界限，这样做无疑会损害彼此的关系。

没有边界的亲密关系，是非常危险的。

 结语

我特别喜欢三毛的一段文字：我避开无事时过分热络的友谊，

这使我少些负担和承诺。我不多说无谓的闲言，这使我觉得清畅。我尽可能不去缅怀往事，因为来时的路不可能回头。我当心地去爱别人，因为比较不会泛滥。距离感是人与人之间最宝贵的存在，成年人最重要的教养便是边界意识。做一个磊落的人，做一个界限分明的人，彼此尊重、理智对话、保持人格独立。

判断一个人是否靠谱，就看这三点

我有个朋友，每次聚会总是习惯性迟到，所有人都饿着肚子等她一人。打电话过去催，她都会说："来了来了，已经在路上了，今天车怎么这么堵。"

次数多了，大家都心知肚明，抱怨堵车的她很有可能正悠闲地躺在家里的沙发上。还有一次，大家一起去吃火锅，其他人都说自己不会吃辣，要个番茄锅底和清汤锅底就好了。最后让她去点菜的时候，她却对服务员说："我们要个鸳鸯锅，一半清汤，一半要变态辣的那种。"

有人开始面露不悦，但想到也许是她很喜欢吃辣，所以也就没追究。等汤锅一上来，她却将清汤的那一半朝着自己。看到我们诧异的眼神，她理直气壮地说："我吃辣容易长痘，所以不能吃辣。"剩下的我们都是满脸疑问：既然所有人都不能吃辣，为什么还要点变态辣的锅？

或多或少，你我身边都遇到过一些不靠谱的人。

股神巴菲特曾经说过："靠谱是比聪明更重要的品质。"靠谱，按字面解释，就是可靠、值得信赖。我们总是更愿意接近靠谱的人，跟靠谱的人共事、交友。

三个细节告诉你，身边的人谁最靠谱。

01. 是否有执行力

嘴上靠谱的人会经常说"包在我身上"，实际却总是把交代给他的事忘在脑后。而只有行动靠谱的人，才能真正做好一件事。

曾经听过一节网课，讲了一家公司里的两个职员的故事。

两个女孩同时进了一家公司实习，年龄相仿、学历相似。女孩 A 看起来精明能干，而女孩 B 看起来有点憨厚老实。刚进公司时，因为 A 的学习能力强，所以进步飞速，受到领导和团队的刮目相看。

然而，时间一长，A 的缺点就暴露无遗。她总是信心满满地承接下任务，却又总是习惯把待办事项堆积到最后才做，别人交代她的事她也经常忘记。

相反，B 虽然学习速度较慢，但总能很好地完成分配的任务。原来，B 有一个很笨却又很好用的习惯：每天开始工作前，总会拿出小本子列出今日的待办事项，一有新的任务她就会马上记在本子上，每做完一件事，就用红色的笔划掉。

而且，她从来不堆积工作。不管有多少任务，不管回家后有多疲惫，她都会咬咬牙，把当日的事情做完，做不了的事情也要有结论，比如转交、留存或再议。

最后，B 靠着过人的执行能力留在了公司，而 A 却被辞退。

一个人是否靠谱，最重要的是他的执行力。身边那些靠谱的人，总是拥有很强的执行力，拥有着解决事情的能力。

就像之前朋友圈被刷屏的"左先生右先生"：旅游前，左先生会说：你安排，不懂的去到那儿再看吧。而右先生会说：攻略做好了，酒店机票都订好了，你只要跟着我走就行了。撞了车，左先生会说：人没事就好！以后小心点啊。而右先生会说：报警拍照报保险……你不知道怎么报保险？告诉我车牌号。

很明显，比起只会口头说说的左先生，右先生的靠谱落实到了实处，更容易得到女生的青睐。主持人大冰说过一句话：这个世界上的大部分传奇，不过是普普通通的人们将心意化作了行动而已。

真正靠谱的人，拥有很强的执行力，凡是答应别人的事就一定会做到。正因如此，我们才更愿意安心地把事情交给他，我们才会发自内心去信任他。

02. 做事是否磊落

靠谱，是为人处世光明磊落、严于律己的绅士风度。

前段时间看第三季《极限挑战》，节目组邀请了五个女嘉宾来参加的那一期，黄渤的一个细节给我留下了深刻印象。

林志玲和黄渤组成搭档闯关，其中有个游戏：两人被要求在水中拍摄一段《泰坦尼克号》里的经典片段。当天，林志玲穿的是一件黑色紧身裙，胸前是镂空设计，趴在浮板上后，非常容易走光。黄渤正是注意到了这一点，在与林志玲对戏的时候，全程将眼睛看向别处，视线一直都礼貌地回避，充分体现了对女嘉宾的尊重。

正是这一份磊落，让林志玲多次在公开场合表示："我的择偶标准就是黄渤，照着他的条件来找。"黄渤的成功，与他这么多年在演艺圈摸爬滚打的努力有着分不开的关系，但更与其靠谱的人品、磊落的处事风格有关。

反观我们身边，有人会在离职后将原公司的机密泄露给对家，以此作为跳板；有人喜欢在背后造谣，人前笑脸相迎，暗地里却搬弄是非；有人爱贪小便宜，处处揩油，总想着怎样才能损人利己。

这样的人，实在算不上做事磊落，更谈不上靠谱。

一个靠谱的人，为人处世坦荡磊落、问心无愧。这样的人，往往更容易得到信赖与尊重，人生更容易顺风顺水。

坦荡磊落地做人，才能过上心安理得的人生。

03. 是否未雨绸缪

靠谱，是一种认真负责、让事情有备无患的能力。

电视剧《我的前半生》中，女主角罗子君第一次上班，在地铁被挤掉了一只高跟鞋。打不到车的她害怕迟到，彷徨失措地打电话四处求助，而男主角贺涵的车明明顺路，却坚持不肯捎上她。

晚上，贺涵告诉罗子君：

"实战之前，必须预演，以排除一切意外的可能。

"没有人在乎你所谓的特殊情况，更没有人有心情有时间去听你解释，如果出了问题，那么就一定是你有什么地方没有做好。"

一个靠谱的人，会提前预演每一个环节，尽最大的努力去避免让事情出错。未雨绸缪的人有这样的特征：如果一件事情很烦琐，他会列出所有的细节，分解任务。如果一件事情很重要，他会预留出时间多检查几遍。如果一件事情可能有漏洞，他会尽可能地预想出每一种意外情况，事先想好补救措施。

没有人会喜欢突发意外，给自己充分的时间去准备，才能愈加从容地去面对。所以，靠谱的人永远守时，因为他们会给自己预留出处理突发事件的时间。跟靠谱的人出去旅游，他们会事先查好当地的天气、交通、饮食、风俗等各项注意事项，永远不用担心不知所措。将工作任务交给靠谱的人永远放心，因为他们会准备得万无一失、并负责到底。

身边倘若有这样的朋友，简直就是生命之光。作家池莉说过："靠谱，说起来简单，落下去复杂；听起来像感觉，做起来是原则。"

结语

日常里，人们对人对事，观其举手投足，听其说长论短，几乎都用靠谱来作判断。

这项品质，不仅是人们基本的生活依据，亦是人的认知底线。

一个人靠不靠谱，很大程度上可以用这三件事来衡量。

在物欲横流、浮躁焦虑的现代社会，一个执行力强、做事磊落、喜欢未雨绸缪的人，更能带给我们稳妥和信赖。

靠谱，才是对一个人最高级别的评价。

这几种人会不断拖垮你，一定要远离

01. 远离利用情感勒索你的人

你在生活中有没有听过类似的话？

"要是你晚上再加班，我们就分手。"

"如果你想和我离婚，今后你就别想再见到孩子。"

"如果你不接下这个项目，我们整个部门会因你遭受巨大的损失。"

…………

美国心理医生苏珊·福沃德将这样说话的人称为"情感勒索者"。什么是情感勒索？情感勒索是一种强有力的操纵方式，和我们亲近的人用它直接或间接地威胁我们，如果我们不顺从他们，他们就会惩罚我们。

这些利用感情和利益关系勒索你的人，在你的生活中不断出现，他们是你的父母、爱人、上司或同事、你最亲近的朋友……武志红说过："无论是亲子关系，还是亲密关系，一旦有情感勒索发生，那么就意味着权利游戏开始了，关系随之也会失衡。"

请远离利用情感勒索你的人，因为他们会不断地拖垮你、消耗你，让你不断地妥协和让步，去委曲求全一段不健全的关系。

02. 远离情感勒索中的"惩罚者"

深夜，洗漱完毕正准备休息的我，忽然收到了一条微信："睡了吗？"

正在犹豫要不要回复，对方直接一个语音电话拨了过来。"喂，我们在 KTV 唱歌呢，你来不来？"好友的声音从电话里传来，伴随着震耳欲聋的背景音乐。

我揉了揉太阳穴，委婉地拒绝了："今天有点累，想好好睡一觉，你们去玩吧，我就不去了。"

"你这人怎么这么没劲啊。"好友不乐意了，"你明知道我最近刚失业，心情不好，出来陪陪我有那么难吗？"

因为我真的很累，第二天还要早起工作，只好再三拒绝。最后，好友在电话里撂下一句："行吧，你今天不来，咱们以后也别做朋友了。"我无奈地挂了电话，内心备受煎熬，一夜无眠。

好友的话语就像无形的情感勒索，让我进退两难、无法挣脱。

人际交往中，我们总会遇到这样的人：不答应他们的要求，他们就会说我们自私、不领情，威胁要和我们断绝关系。

有多少人因为害怕失去，而一次次地答应对方的要求，直到完全失去自我、任人摆布。远离惩罚者，你需要关注自身的感受，界定自己对他人所担责任的边界，坚定地向对方清楚地表达自己的意志，而不是有求必应。

03. 远离情感勒索中的"自我惩罚者"

通过伤害自己的身体和生命，来博取他人的注意、达到自己的目的，这其实是一种偏执型的心理障碍，也是一种情感勒索。

情感勒索者中的"自我惩罚者"，常常把威胁指向自己，强调如果他们不能得偿所愿就会对自己做什么。

之前好友小敏曾跟我们讲过她的前任男友。

每次她因为加班，比平时回去稍晚一点，就会看到男友喝得酩酊大醉躺倒在沙发上。他会不停地说："为什么这么晚回来？单位的事比我还重要吗？"这份爱过于沉重，以至于当小敏最后提出分手时，男友冷冷地看着她，脱口而出："你要是离开我，我就去死。"

曾经的倾心浪漫，变成了令人窒息的依赖和情感勒索。自我惩罚者会利用我们的内疚、责任和恐惧心理，以爱之名威胁要伤害自己，以达到目的。

远离自我惩罚者，你需要勇敢地表达内心的想法，做好冲突的准备。每个人都需要自由的空间，谁都没有权利去侵犯个体的独立性。

千万不要以爱之名，去囚禁、要挟、控制一个人。

04. 远离情感勒索中的"受害者"

早前看过一条新闻：一位三十岁的女研究生，因学校拒绝她的母亲住在她的宿舍里，最终选择自杀。

这位女研究生在她短短的三十年人生中，她的母亲一直以母爱和孝道的名义操纵着她。从女儿大三起，因军工厂拆迁失去住处，母亲就到大学投奔女儿，和女儿挤在一张床上居住，两人形影不离；女儿考上了小城市的公务员，因母亲希望女儿去北京、上海这样的一线城市而放弃；女儿三十岁了，渴望爱情，亲属也劝母亲考虑女儿的终身大事，母亲却说："我们楼上三十好几没结婚的多了"；女儿考上上海海事大学的研究生，虽然母亲每月有退休金，但她还是理所当然地认为自己应该跟着去，和女儿同住宿舍；女儿两个月的研究生生涯里，从未参加任何一项集体活动，每次只是默默地跟在母亲背后，听母亲说话。

没有朋友、没有梦想、没有爱情，只有母亲相伴，女研究生的路越走越窄，最终发展为悲剧。

情感勒索中的"受害者"，总是在传达这样一种信息：如果你不按我的意志去做，会很严重。我会生气、会难过，这都是你的责任。

他们会郁郁寡欢、沉默不言、泪眼汪汪，直到得偿所愿，直到我们不断妥协。仿佛他们才是被伤害的一方，成功激起我们的同情心和责任感。

刘若英在《我敢在你怀里孤独》中写道："几乎99.9%的父母都会不自觉地对小孩进行情感勒索，这种情况只会让小孩越来越觉得跟父母相处是被迫的，也无法享受跟父母相处的快乐，甚至觉得跟父母通个电话都有压力。"

远离受害者，你需要让对方明白：爱不仅仅是付出，爱中最重要的学问是知道在什么样的边界停止。

法国有一句谚语，叫：所有故事的开端都是温情又美好的。但是，当亲密关系变成令人喘不过气的情感勒索时，就是该做出改变的时候了。

结语

这个世界上，很多人爱一个人就会为对方考虑，让她活成自己期望的样子。也有很多人打着爱一个人的名义伤害着这个人，逼迫她做不愿意做的事。

请远离情感勒索你的人。

人际交往中，永远不要和这三类人纠缠

很早以前看过莫言写的一篇文章。

有一次，莫言请人去吃烤鸭。大家都酒足饭饱之后，桌子上还剩下许多。农民出身的莫言心想，多可惜啊，那些大葱、大酱、洁白的薄饼、香酥的鸭肉，都是好东西，浪费了是要遭天谴的。于是莫言就继续吃。

这时，有人开口了："瞧瞧莫言吧，非把他那点钱吃回去不可。"莫言感到脸上火辣辣的，好像挨了一记响亮的耳光。

那人又说："你们说他饭量怎么会这么大？他为什么能吃那么多？要是中国人都像他一样能吃，中国早就被他吃成水深火热的旧社会了。"

莫言回老家后，委屈地将这件事说给母亲听。母亲让他以后再去吃宴席前，先喝上两碗稀饭，再吃上两个馒头。回到北京后，莫言就按母亲所说，去吃宴席前先垫饱了肚子。在宴席上，他吃得慢条斯理。

结果一人却说："看看莫言那假模假样的劲儿，好像他只用门牙吃饭就能吃成贾宝玉似的。"还讽刺他做人不够本色。

生活中永远有这样的一些人，总是莫名其妙地诋毁你、伤害你。如果你都去计较、和对方纠缠，那你只会筋疲力尽，生活变成一地鸡毛。就像作家李尚龙所说："永远不用和不属于自己的一类人过多解释，那纯粹是浪费时间。"

层次不同，无法沟通。生活中如果遇到这三类人，永远不要和他们纠缠。

01. 不要和"垃圾人"纠缠

大卫·波莱写过一本书，叫《垃圾车法则》。

他说，这个世界上，有许多的人就像垃圾车，他们装满了垃圾四处奔走，充满懊悔、愤怒、失望的情绪。随着垃圾越堆越高，他们就需要找地方倾倒，释放出来。如果你给他们机会，他们就会把垃圾一股脑儿倾倒在你身上。

所以，有人想要这么做的时候，千万不要收下。只要微笑，挥挥手，祝他们好运，然后，继续走你的路，这样你会更快乐。

微博上有个博主，曾在网上说出了她的经历。

在超市一楼的美食广场，当时博主在看高高挂着的奶茶价目表。一个一岁左右的孩子，冲出来直接撞在了她的腿上，摔倒时磕破了嘴唇。

博主将小孩扶起，结果孩子的爸爸一把将博主拦住，说："你不能走，这孩子嘴撞破了，你得给他负责医药费。"

博主没有和他理论，而是微笑着说："您稍等，我们报警吧。"等待警察到场期间，之前全程不在场的妈妈，反复地在教孩子说："宝宝，是不是这个阿姨推倒你的呀？"

"是！"

"那等下，你跟警察叔叔也要这么说哦！"

接着，警察来了，他们一起前往附近的派出所。孩子的父亲，不停地想套博主的话，要她承认错误，承担医疗费、营养费。博主全程只微笑，不说话，用手机拍下照片和视频，不接受任何调解。

孩子的父亲就恼了，不停地辱骂，用激将法，想要挑起博主的情绪。博主坚持请他们去法院诉讼，拒绝任何调解。最后，夫妻俩只能带着孩子走了。

这个世界上，确实有很多莫名其妙的人，他们逮着机会就到处碰瓷、找碴。遇到这种"垃圾人"，请远远地躲开，千万不要纠缠。

尼采在《善恶的彼岸》中说过："与恶龙缠斗过久，自身亦成为恶龙；凝视深渊过久，深渊将回以凝视。"我们无法改变这类人的品性和素质，但我们可以选择不纠缠。

不纠缠不是懦弱，而是一种智慧。

02. 不要和自以为是的人纠缠

前几年在聚会上认识了一个男生。有一次他说在我公司楼下，想请我吃饭。

我们经过一家星巴克的时候，看着坐在精致的沙发里喝咖啡的男男女女，他突然发出了一声嗤笑："呵，装模做样。"我诧异地看了他一眼，他面露不屑地说："那些在星巴克里拿着一本书，或者捧着个笔记本电脑的，都是为了装模做样。"

我默默无言，因为自己也时不时地在周末拿本书，在星巴克里待一下午。不是为了所谓装高格调，只是因为喜欢里面的氛围罢了。

"我觉得那些人也是，有钱没处去。何必花上百八十块喝杯味道奇奇怪怪的东西呢？速溶咖啡不也是差不多吗……"他继续喋喋不休地发表着他的意见，我却愈发沉默了。

后来吃饭的时候，他也是时不时地在评价着别人：

"你看坐那桌的那个女的，妆化得那么浓，一看就不是正经女生。"

"你看我朋友圈里的这个女的，每天都会刷她的动态，简直闲得要命。"

…………

一顿饭吃得我既别扭又不舒服。

总有一些人，自以为见多识广，习惯性地给别人贴标签，对别人的生活指指点点、妄加议论。心理学上有个词语，叫"达克效应"，指的是那些能力较弱、认知水平较低的人，反而更自我感觉良好、喜欢自以为是。

遇到这种人，不用纠缠，不用理论，就像《欢乐颂》里的那句话一样："常与同好争高下，不与傻瓜论长短。"

毕竟，夏虫不可语冰，井蛙不可语海。

03. 不要和爱贪小便宜的人纠缠

朋友圈里有个软妹子，业余时间喜欢自己做点烘焙。看到她在朋友圈里发的豆乳盒子、千层蛋糕、小饼干的广告，我都会时不时地找她买一些。

后来，渐渐地，却再也没看到她发朋友圈了。我有点想念她做的榴梿千层，就在微信上问她，是否还有自己做烘焙。她发过来一个无奈的表情。

原来，自从她开始做烘焙后，经常有些八竿子打不着的亲戚、好几年没联系过的老同学来找她。有的让她先送他们试吃几次，有的让她给打个半价，还有的干脆一次接一次地赊账。

性格比较软弱的她，面对熟人总是不好意思拒绝。

"送一次两次还可以，但是天天让我送，真的入不敷出啊。"

"那些烘焙工具、黄油、淡奶油，还有水果，真的很烧钱的……"

我可以想象她打出这几行字时那欲哭无泪的表情。

生活中，总有些喜欢占小便宜的人。

反正你画画那么厉害，给我免费画个头像吧！

你不是学英语的吗？帮我翻译一份材料吧！

你不是中文系的吗？暑假你帮我孙女辅导一下作文呗！亲

戚之间就别收钱了。

…………

爱贪小便宜的人，一点小利就能让他们不计形象、暴露格局。当他们贪小便宜成了习惯，习以为常后，一旦不如愿，就能立马翻脸，甚至不惜抹黑造谣别人。

遇到这样的人，只能用林语堂先生的话来告诫自己："只有人能把自己的境界提高一个层次，才不会因为近期的抑郁而伤怀。"不与贪小便宜的人纠缠、怄气，才能从不良的情绪中解脱。

结语

大卫·波莱说："生活只有10%是靠你创造的，而有90%则是看你如何去对待的。"我们一生的精力十分有限，不是每个人都值得你去浪费口舌。面对这三类人，无论你再怎么讲道理，都是徒劳。如果把精力和时间一味耗费在这样的琐事上，那将是对生命的一种辜负。

真正聪明的人，不会与这三类人纠缠。对于那些不断消耗你的人，要学会及时止损，趁早远离。将更多的时间花在关注、提升自己上，才能活出更精彩的自己。

什么样的朋友最值得你用心交

01

大概两年前的冬天，我去北方面试，一个朋友说要来车站接我。不料，火车晚点。等我到达那里，已经比约定时间晚了两个小时。我远远地看到朋友，只见她蹲在地上，蜷缩成一团，不断朝手里哈气。想必她已经保持这种状态等了我很久。

我心里非常过意不去，赶紧先跑到车站里的便利店买了瓶热牛奶。她看到我拿着牛奶走近，马上站了起来，一脸暖暖的笑意。

我把牛奶递给她，愧疚地说："抱歉，让你等很久了吧。"她轻描淡写地说："没有，我也刚到不久，路上堵车。"

我知道，她为了让我不那么愧疚，所以才撒了个谎。那是我听过最温柔的谎言。

梁实秋先生说过一句话：你走，我不送你。你来，无论多大风多大雨，我去接你。最好的朋友，不一定是在你朋友圈里点赞最多、评论最勤快的人。但他一定会是那个愿意在冰天雪地里等你，再忙也要挤出时间见面的人。

知乎上有个问题：如何定义你生命中重要的一个朋友？点赞最高的一个回答是：相见亦无事，别后常忆君。

我天性不喜交际，在大多数时候，我都不会主动联系以前的朋友。但我知道，最好的朋友，他们就像星星。我不一定总是能见到他们，但他们会一直在那里。

这样温柔的朋友，值得用一生去深交。

02

犹记得第一次看《心灵捕手》时的触动。

二十岁的威尔，出身卑微，业余时间喜欢跟一群小混混在一起。泡吧、抽烟、打架，强烈的自卑感和被人关爱的渴望，让他的生活在压抑中无限延长。后来，他进了麻省理工学院，虽然是以一名清洁工的身份。每天的任务，便是等学生们下课后，把教室、走廊和卫生间打扫干净。

有一天，学院的教授在走廊的黑板上留下了一道非常难的题目，希望能有杰出的学生解答。但是，没人能解开题目。而威尔在打扫卫生时偶然发现这道题目，轻而易举地写下了答案。当教授发现解开这道难题的人竟是学院里的清洁工时，欣喜地想要培养他。教授让他定期研究数学和接受心理辅导，威尔却将自己的内心封闭起来。

看到威尔面对着人生的抉择，却没有勇气去做出正确的决定时，威尔最好的朋友查克怒了：

"如果二十年后你依然住在这里，过来我家看电视，陪我搬砖，我会宰了你。

"即使明天我醒来已经五十岁，却依然要做这种工作，对我来说倒无所谓。你却有个黄金机会，可以施展才华，你没胆量去做，简直一派胡言。我若有你的才华，我什么都肯做。

"我每天开车到你家门口来接你，我们出去花天酒地，玩得确实很开心。

"可是你知道我一天中最棒的时刻是什么吗？大概只有十秒：从停车到走到你家门口的这段时间。

"每次我敲门，都希望你不在了。不说再见，什么都没有，你就走了。"

查克知道，威尔不属于这里，他的天赋和才华，值得他去过更好的生活。

不知道你身边有没有那种朋友：不论何时何地，都真心希望当下的你过得更好。看重你的才华，哪怕明知道你会远远把他甩在后面，他也为你加油。

世界是繁杂的，甚至有很多阴暗面。当我们有机会往上爬时，底下总有很多人在冷嘲热讽，等着看我们摔倒。唯有真正的朋友，才会在你失意时陪伴你，在你得意时真心为你鼓掌、替你高兴。

这样真心实意为你着想的朋友，值得用一生去深交。

03

最近越发有种感慨：人到了一定的年龄，生活似乎变成了一个简单的圆。每天重复着两点一线的生活，心中的沉闷无人可知。我们囿于厨房，却依然向往山川湖海。

有人说："一辈子很长，要和有趣的人在一起。"因为，好看的皮囊千篇一律，有趣的灵魂万里挑一。和有趣的人在一起，即使旅途漫漫、前路未知，也能一起将平凡的日常过成一首诗。

就像陈意涵和闺密张钧甯的友谊。在二十九岁的尾巴，陈意涵经历了一场失恋。还没来得及沉浸在失恋的痛苦中，张钧甯就拉着她跑去菲律宾长滩岛旅行。

她们扎起了满头辫子，重回青春少女的时代；她们在白皙的脚踝处文了一只卡通大象，终于任性地叛逆了一回；她们一起挑战高空跳海，一起裸泳，甚至在异国他乡与陌生人接了一次吻……

每一件事都比前一件事更有挑战性，张钧甯陪着陈意涵见证了三十岁的伊始。

和有趣的朋友在一起，他们在一念之间就能计划出一个令人惊喜的行程，喜欢即刻出发，喜欢未知的挑战；他们对生活充满好奇与热情，就像一个永不疲倦的小太阳，随时散发着正能量；他们有时脑洞奇大无比，有时又像小孩子般纯真，总是想尝试新鲜的事物。

作家王小圈说过："有趣的人，他不是走进你的世界，而是为你打开一扇窗去参观他的世界。"有趣的人让我们知道：虽然生活中的大部分时间充满了平常琐事，但如果我们用心去拥抱生活里每一个感动的瞬间，还是有许许多多的小确幸。

这样有趣的朋友，值得用一生去深交。

04

一位读者曾经问我："为什么我们越长大，身边的朋友会越来越少？"其实大多数时候，友情的淡去，并不是伴随着争吵、矛盾，而是败给了时间和空间。

时光荏苒，你我天各一方，为了各自的生活而忙。明明还想着像从前一样彻夜闲聊、肆意玩笑，现在却只能从朋友圈里得知你的消息，千言万语化成一个赞。

欲买桂花同载酒，终不似，少年游。

《千与千寻》中说："人和人的相遇就像搭上了同一班列车，路途中有很多站，很难有人能从始至终地陪你走完。"

人生的旅途中，感谢你曾来过。当我对所有的事情都厌倦的时候，我就会想到你，想到你在世界的某个地方生活着，存在着，我就愿意忍受一切。你的存在对我很重要。《萤火虫小巷》里有一句话："人生是一段孤独旅程，但我遇见了你。你不是我，却又像世界上的另一个我。"

结语

如果你的身边也有这三种朋友，请用心深交，不要让他们和你在旅途中走散。

漫漫人生路上，多幸运有你相伴。

一个人的涵养有多高，看这三点就知道

01. 越有涵养的人，越喜欢在低调中修炼自己

不知道你们有没有同样的感受，看《欢乐颂2》的时候，关雎尔的相亲对象舒展一出场，我的尴尬癌都要犯了。

去餐厅的路上和安迪飙车、乱闪大灯，点菜的时候每句话都掺杂着英文，餐桌上不停地炫耀自己的学识、经历，尽管拥有一副好皮囊，却实在令人喜欢不起来。

于丹曾经说过："一个人越炫耀什么，内心便越缺什么。"你身边是否也有这样的人，做事总是雷声大、雨点小，最大的爱好便是天花乱坠地吹嘘着自己得过的成就、去过的地方、买过的东西。

然而最后成功的却是那些闷声不响、踏踏实实做事的人。就像《天龙八部》里的扫地僧，隐居于少林寺藏经阁内，从不显山露水，日常功课是扫地。正是这样的一个人，却在少室山上的武林大会上，轻松秒杀萧远山、慕容博等高手，被许多人认为是金庸小说里的绝顶高手。

因为越有涵养的人，越喜欢在低调中修炼自己。低调的人，理性又不浮躁，谦虚却不卑微，不争强好胜、不事事张扬。

年少的时候，我也曾因一点成就而沾沾自喜、虚荣心膨胀，喜欢在别人面前卖弄自己的一点学问，恨不得全世界的人都知道。经过世事变迁，我才明白，越空的马车声音越响，越是真

正拥有智慧和涵养的人，越低调谦恭。

不显摆招摇、低调做人，是多么难能可贵的涵养。

02. 越有涵养的人，越喜欢在读书中沉淀自己

还记得那条曾占据话题榜的"90后网红直播撕书"的新闻吗？

在直播视频中，那位网红主播拿着粉丝送的书，一边说"没什么用"，一边将书撕成两半，随后还宣称自己不读书照样能开跑车，大学生也得给她打工。

在这个浮躁的年代，果真读书已经没用了吗？其实，读书的人拥有着无人能及的人生高度。

被冯小刚称为"中国读书最多的演员"陈道明，在接受央视采访时表示自己一直坚持读书，每晚都要看一两个小时。从鲁迅、胡适，读到李敖、北岛，最喜欢的是中国古典文学。正是读书使他富有涵养、与众不同。

二十多年来，他一直如此，保持一种特立独行的清高。在纷繁杂乱的娱乐圈里，他就像一个另类的存在，清醒、不妥协，也不试图改变别人。

越有涵养的人，越喜欢在读书中沉淀自己。陈道明至今保持着深居简出的生活，不爱参加应酬、不问时事。

在这个碎片化阅读的互联网时代，陈道明以一种固执得近乎偏执的缓慢，生活在自己的步调里。正是他的书卷气和深厚的文化底蕴，让他能沉下心来演戏，专业素养愈加内敛厚重。

反观我们自己，有多少人拒绝深度阅读，刷着各类娱乐新闻就以为自己无所不知，实则浮于表面，没有深入思考，也没有任何收获。

腹有诗书气自华。读书，才是体现一个人涵养高低的最好方式。

03. 越有涵养的人，越喜欢在生活中完善自己

有人说，一个人的外在，决定了你是否有兴趣了解他的内心；但一个人的涵养，却可以直接否决他的外在。你对待生活的态度里，藏着你的良好涵养。

之前在一家教育咨询公司工作的时候，和公司的前台小姐姐成了无话不谈的好友。有一天公司聚餐，大家都喝多了，散了之后我叫了辆出租车把醉得一塌糊涂的小姐姐送回家。

当我从她的包里摸出钥匙，摸索着进门开灯的时候，差点被地上的不明物体绊倒。灯一亮，眼前的景象令我瞬间就清醒了：玄关处密密麻麻地散落着十几双款式不一的鞋，几乎没有可以落脚的地方。整个房间里塞满了各种没扔的垃圾袋，杂志和零食包装袋被扔得满地都是，水槽里还堆积着没洗的碗碟餐具……小姐姐平时光鲜亮丽的形象在我眼里一下子大打折扣。

你也可以说这是不拘小节、是真性情，但我认为真正富有涵养的人，对自己的生活必定不会潦草将就。

就像曾是民国时期上海最耀眼的白富美郭婉莹，无论何时何地，即使在最艰难落魄的岁月里依然保持着优雅，拥有最精致的生活。后半生频频遭遇磨难的她，在五十岁时被赶出大宅去刷马桶，刷得手指变形。

但即使去刷马桶，她也要穿着优雅的旗袍；没有烤箱，她就用煤球和铁丝烤出酥脆的吐司；没有茶具，她便用搪瓷缸子每天雷打不动地喝自制下午茶。直到她去世的前一天，她依旧坚

持打理自己的头发和妆容，将优雅和不将就演绎到极致。

越有涵养的人，越喜欢在生活中完善自己。金星在一期节目里谈到，她最佩服的是一位老先生："每天早上起来，都会把头发梳得油光发亮，穿上西装、打上领带，然后给自己烧一壶茶，优雅地看报。"

他的涵养，就是将自己的生活过得无比精致，与自己友好相处。在没有人看见的地方，仍能得体地保持着对生活的热爱，这是一种多么高级的涵养。

亦舒说过："人生所有烦恼会不多不少永远追随，但学识涵养可以使一个人更加理智冷静地分析处理这些难题。"在这个快节奏又浮躁的时代，有多少人已经放弃了对自身涵养的修炼。

但可贵的是，坚持的人还在坚持，你的谈吐、胸襟和气质，无一不体现着你的涵养。你待人接物的样子、你为人处世的方式，无一不透露着你的涵养。

结语

一个人的外表，会随着时间的流逝而悄然改变，唯有内在的涵养会历久弥新。

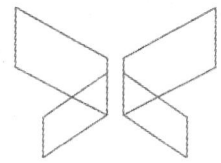

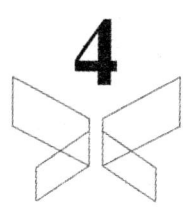

4

人生没有白走的路

在人生的道路上，为追求真正属于自己的生活而竭尽全力，饱尝辛酸和痛苦的人生才是魅力的人生。

人生没有白走的路，每一步都算数。

在漫长的岁月里，你是否为自己的生命注入了新的东西？还是依旧浑浑噩噩，羡慕着别人开挂般的人生，自己却不肯付出努力？

当你开始变得更美好，也许你眼中的世界真的会变得不同。

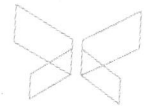

迷茫时，培养这三种思维方式让自己增值

《后会无期》里有句经典台词："听过很多道理，却依旧过不好这一生。"道理永远简单，真正行动起来却永远那么难。

你知道熬夜对身体不好，却依旧每晚刷手机直到凌晨仍不肯睡去。

你知道运动能使人保持精力充沛，却还是下了班就想回家瘫在床上。

你知道满足于现状永远不可能在职场上有新的发展，却还是庸庸碌碌不肯改变。

你不甘平庸，却又迷茫焦虑，不知该怎样才能做到知行合一，实现逆袭。

《知道做到》告诉你："其实，你知道了那么多道理，却无法学以致用的原因是，你没有培养这三种思维方式。"你和别人的差距，不在于智商、能力或者勤奋的程度，而是在于思维方式。

①拒绝信息超载

有段时间，我经常能在朋友圈看到大学同学 L 君转的网络课程报名帖。

点开一看发现，各种九十九元、一百九十九元的网络在线

学习课程，主题有理财、写作、时间管理、品牌营销……

我问他："这么多课程，你都报名参加了？"他说："对呀，你不觉得很划算吗？不到二百元就能参加这么多名师大咖的课堂，让自己多掌握几项技能，才不会被时代所淘汰。"

我十分钦佩他对学习的热爱，便接着问他："那你现在肯定收获颇丰吧？我也挺想报名写作课的，能给我讲讲那个课程都上了些什么吗？"

他隔了半晌，发来一个"尴尬"的表情："其实，我光报了名，还没开始学呢。最近挺忙的，那些课都还没来得及听，积攒了有不少了。"

原来，他虽然报名了那么多课程，却并没有实际投入学习中。这个时代，人们能够接收到的信息太多了。我们可以非常容易地去参加一堂网络课程、听一本新书、收藏几十篇感觉对自己有用的文章，知识来得轻而易举，却不会实际改变我们的行动。因为获取新知识要比应用已有的知识有趣得多，所以我们总是在焦虑地、源源不断地渴望吸收新的知识。

读书、报名网络课程并没有什么不对，这些都是最基本的学习工具，我们需要它们。可如果我们总是在接触新的知识，却没有停下来去整合它们，并将其付诸实践，那就会成为问题。

韦伯斯特词典的发明人丹尼尔曾经说过，他宁愿彻底读透几本好书，也不愿进行大量泛泛的阅读。通过间歇性重复彻底读透少量资料对你所产生的影响，要超过泛读二十本书所产生的影响。我们首先必须确定自己需要学什么，然后才能更有效率地去学这些东西。我们必须完全沉浸其中，慢慢地咀嚼、消化，直到将其彻底吸收，变成自己的一部分。

不断接触新信息，报名参加很多的课程，或者只读一遍书，这些都只会让你养成迅速遗忘的习惯。而要想真正了解一个领域，你必须透彻地吸收一些重要信息，而不是盲目地接触大量信息。

②绿灯思维

我和我闺密说话的时候总觉得很累，因为不论我说什么，她的第一反应永远是反驳我的观点。

比如我跟她聊起最近上映的一部电影，我说这部电影的剧情还不错，演员们的演技也可圈可点，视觉效果也还可以，看得挺过瘾。她立马瞪大了双眼看着我：不是吧？这种烂片你也看？然后立马列举了一大堆理由来证明这部片有多烂。

我有些尴尬，以为真的是我的品位水准出了问题。上豆瓣一查，发现分数七点几，也不算太低。

其实，这也是许多人身上经常会出现的情况。人都有习惯性防卫的特点。当别人表达了与我们自己完全相反的观点时，我们的第一反应不是思考对方观点的合理性，而是立马进行反驳。

同理，当我们读一篇文章、听一段音频或参加一场辩论时，我们通常都会抱着一种焦虑、先入为主或者坚持固有思维的态度去判断自己所接收到的信息，也就是会消极过滤。

所以，就算我们看一篇文章、听一堂课，以为自己真的看懂了或听懂了，实际上最终只有10%的信息能够进入我们的潜意识。

如果我们一直处于这种消极过滤的状态而不自知，恐怕学习再多的新观点和新知识都是无用的。因为消极过滤的思维会让我们只能学到或利用自己接触到的一小部分信息，只能发挥自己的一小部分潜力，过早地拒绝大部分有用的信息。

怎样才能解除这种消极过滤的状态呢？

肯·布兰佳提出了解决方案：绿灯思维。

所谓的绿灯思维便是，对自己接触到的新信息，保持一种开放的心态，不要带有任何偏见或先入为主。只要一有人提出任何想法或建议，你就要开始思考：为什么这个想法或建议是可行的。

一旦学会用绿灯思维去倾听，你就会把你所听到的内容跟自己接触过的其他知识联系起来。积极、开放的心态会引发我们的创造力和应变力，最大限度地激发我们的灵感。

切勿只活在自己的世界里，培养绿灯思维，才能最大限度地接收新的知识，获得成长。

③跟进复习

学生时代有过很多次这样的体验：

每次为了期末考试而临时抱佛脚，重新翻开书和课堂笔记的时候，感觉不是在复习，而是在预习一样。明明课也听过了，书上的内容却大部分都陌生得像第一次接触。

其实，如果我们能够在每天下课后及时跟进复习一下课堂笔记，而不是全部拖到期末考前再复习，想必不会出现这样的结果。

这也就是我们之所以没能学以致用的第三个原因。

成功人士总是非常渴望学习，并且会在学习后制订一份相应的跟进计划。而另一部分人，在接触了新事物之后，没有及时跟进复习，因此很快就会恢复自己原来的认知水平。

真正有用的，不是收藏几个 G 容量的学习资料、快速阅读几十篇的知乎文章、报名几十种的网络课程，而是在学习到一个新的知识后，马上开始练习。越快实际应用一种新学会的技巧，你就越容易掌握它。

学习不只是一段在脑子里完成的过程，只有当你真正将自己学会的东西变成实际行动时，你才是在真正地学习。

你不能只是偶尔将自己的知识应用到行动中。要想让自己获得真正的进步，我们必须培养起这种及时跟进复习的思维。

结语

我们常常觉得很无奈：听到越多道理，就越迷茫，依旧过不好这一生。

你有没有想过：为什么你会被淹没在信息的大海中？为什么你那么积极地学习，效率却总是不高？美团CEO王兴说过这样的一句话："多数人为了逃避真正的思考愿意做任何事情。"不培养这三种思维方式，知道再多的道理也没有用。

迷茫时，不如培养这三种思维让自己增值。

做对这三点，一年时间快速提升学习和工作能力

昨晚和朋友去大排档吃夜宵，酒足饭饱之后，发现他两眼无神地盯着桌上的空啤酒瓶：

"说真的，毕业后出来工作这一年多，我好几次想重新回去读书。"

我诧异地看着他，静静地听他继续说下去。

"现在的自己，每天做着同样的工作，没有目标、没有冲劲。上班随便应付一下，下班后只想赶快回家躺床上玩几局王者荣耀。"他苦笑着低下头，摆弄着手里的啤酒瓶盖，"我虽然看不到十年后的生活，但我可以看到十个月后的自己，肯定和

现在一模一样。"

我对他的话深有感触。很多人毕业之后，再也不想花时间去学习、读书。不要说下班充电了，毕业后能完整看完的书都没有几本。

终日浑浑噩噩，对自己目前的生活状态不满意，想要挣脱出目前的麻木，却又下定不了决心改变自己。

《北京折叠》的作者郝景芳说过："人最终要走上一条由自我意志推动的路。那种意志你可能一时看不清，却能感受到它和周围磕磕绊绊的摩擦。摩擦越剧烈，人就越痛苦。而你越痛苦，就越说明周遭环境和你的意志之间不匹配，所以你不得不改变你的处境。"

改变处境，其实并不难。工作之后，一样可以给自己定下目标、花时间提升自己。

一年时间快速提升学习和工作能力，从这三件事开始。

①制订切实可行的日常活动表

哈佛大学曾对当年的毕业生进行了一次关于目标的调查：27%的人，没有目标；60%的人，目标模糊；10%的人，有清晰但比较短期的目标；3%的人，有清晰而长远的目标。

二十五年后，哈佛大学再次对这批学生进行了跟踪调查，结果是这样的：3%的人，二十五年间他们朝着一个既定的方向不懈努力，几乎都成为社会各界的成功人士；10%的人，他们的短期目标不断实现，成为各个行业、各个领域中的专业人士，大都生活在社会中上层；60%的人，他们安稳地生活与工作，但没有什么特别突出的成绩，几乎生活在社会中下层；剩下那27%没有目标的人，他们的生活不尽如人意，常常在抱怨他人、抱怨社会……

一个人如果长期没有目标，得过且过，自然会对生活感到厌倦，容易精神疲乏，甚至造成忧郁、焦虑等症状。想要走出这种困境，首先应为自己订立生活目标。

《整理的艺术4》中提出："应该为自己制订一份切实可行的日常活动表。"

还记得清华学霸马冬晗的学习计划表吗？紧凑的时间表和执行计划能够指引、约束自己，逐步消除对学习和工作的懈怠与迟钝。

每天的计划表越长越好，因为当这一天结束时，不论你完成了大半，或者全部完成，都会让你很有成就感。因为制订计划的过程其实就是一个自我完善的过程。你会看到，自己的目标正逐渐变得清晰，自己正一步步朝着目标的方向靠近。

有人说过：人的一生，不该是随机游走，也不该是按部就班，而是在确定了坐标的象限内越走越远。每个人都有各自的生活方式，但想要过得充实高效，离不开为自己制订确实可行的目标和计划。

②用嗑瓜子的方式学习

很多人都有这样的体验：

坐在电视机面前嗑瓜子，不知不觉就嗑了一两个小时，嘴唇都发麻了仍然停不下来。如果我们换个规则，让你这一两个小时内，只能嗑，不能吃，瓜子仁要留下来最后一次性吃完，是不是就觉得没那么有意思了？

这就是因为反馈的周期拉长了。人喜欢嗑瓜子，因为嗑瓜子在两秒之内就可以得到反馈。而相比之下，学习的反馈周期就显得无比漫长。

所以，《整理的艺术4》里提出："长时间的学习需要的不是毅力，而是让人能够长时间持续的机制和方法。"知觉领域里有一个词叫"功能可供性"，简而言之就是"让人不由地想做某事"。

比如，看到自行车筐里放着垃圾，不由地就想把垃圾扔出去；看到气泡膜上的气泡，就不由地想把它们捏碎。

想要养成学习的习惯，关键在于设计一个让人不由地想学习的机制。这个机制可以是：

一群拥有共同目标的学习伙伴，身边有这样一群人，你会觉得勇气倍增；

在社交网络上汇报自己的学习进度，把每天的学习时间、学习内容写到各类社交平台上，通过给自己施加压力，强制执行力就会大大提高；

学习和工作上有所进步时，奖励自己一份好吃的甜品，让学习的欲望与奖励之间形成一种良性的互动；

"可视化"学习，设定了每天想要达成的学习目标后，在一天结束时回顾一下是否完成了这个目标。

只有不依赖毅力，导入能够促进自己不断学习的机制，才能让自己自发地想去提升自己。

③利用零碎时间学习

看过一个俞敏洪的访谈，在被人问到"如何在忙碌的工作中抽出时间来读书"时，他回答说："我工作确实非常繁忙，一年中可以用来阅读的完整时间最多也只有几天，因此，我只能利用大部分零碎时间去读书，每年阅读的一百本书基本上都是用零碎时间来阅读的。"

他不管到什么地方，手边总是有书。过去带纸质书相对麻烦一点，出差的时候他都会在行李箱里装几本书。

后来有了电子书之后，他会在出差时下载几本自己喜欢阅读的书，然后利用路上的时间阅读。在北京，他平均每天有两三个小时的时间是在车里，他都会用来阅读或处理工作。在旅途中，不论是在火车还是飞机上，他都会用读书来打发零碎时间。

社会人和学生在学习上最大的不同之处就在于时间的长短，平常要上班的社会人没法一次学习很长时间。

然而，正因为时间短反而能更集中地学习，避免因长时间学习而产生倦怠感。时间管理学中有一个方法叫"瑞士奶酪法"，即在一个较大的任务中见缝插针地利用零碎时间，而不是消极等待整块时间的出现。

早起后、上下班、等人时、吃饭时、睡觉前，我们可以将这些无所事事、很容易在刷手机中浪费掉的时间用在学习上。

梁实秋说过："零碎的时间最宝贵，但是也最容易丢弃。"在这个获取知识越来越便利的时代，我们只有利用好这些零碎时间，每天坚持学一点东西，才能增加个人产能，最终达到想要的目标。

结语

"大部分人在二三十岁时就死去了，因为过了这个年龄，他们只是自己的影子，此后的余生则是在模仿自己中度过，日复一日，更机械、更装腔作势地重复他们在有生之年的所作所为，所思所想，所爱所恨。"

这是《约翰·克里斯多夫》中的句子，看到的瞬间感觉戳心不已。二三十岁，最可怕的便是随波逐流，终日无所事事。

然而，在这个快节奏的现代社会，无所事事的风险最高。什么都不做的人，最终很可能会因无法适应环境而被时代抛弃。多少人在工作后忘掉了初心，忘记了曾经为了一个目标可以坚持到极致的自己。

对生活现状的不满意，是你想要进步的证据。年轻时的投资肯定能收回成本，只有不断学习下去，你才能遇见更好的自己。

每天早上六点起床，你的人生赚了什么

01

每天早上在家门口等电梯的时候，都会遇到隔壁的小悠姐。简洁利落的西装外套搭配优雅的包臀裙，尖头小高跟和气场全开的大红唇，都让她显得神采奕奕、专业感十足。

反观我，总是一副没睡醒的样子。没涂均匀的粉底、嘴角来不及擦去的面包屑，无一不在暴露着我又起晚了的事实。

见面的次数多了，互相加了微信好友。看了她的朋友圈，我终于明白，为什么她总能每天都看起来那么精神满满。

原来，她每天早晨六点准时起床。花半小时练完一整套清晨瑜伽之后，精心为自己准备一顿早餐。有时候，是鲜榨橙汁搭配全麦吐司，外加一个煎得金黄的太阳蛋；有时候，是低脂酸奶搭配一小碗坚果，新鲜的草莓做装饰……

"我喜欢每天都调整到最好的状态再出门，这样工作起来才能更有效率。"

看到小悠姐发在朋友圈的文字和图片，我不禁自惭形秽。习惯了每晚盯着手机熬夜到凌晨的我，第二天总是睡得昏昏沉沉起不来，草草地吃个面包就匆匆出门。

不但工作起来没精神，而且还浪费了一整个早上的时间。国学大师南怀瑾先生曾说过："能控制早晨的人，方可控制人生。"能坚持每天早起的人，必定比其他人更优雅从容，更有能力迎接每一天的机遇和挑战。

02

某猎头公司的执行 CEO 詹姆斯·希特林，有一天心血来潮，决定去问问那些他欣赏的企业高管们是如何安排早晨时间的。

他给二十个人发了邮件，后来有十八个人回复了他，其中起床最晚的人平时在六点起床。

很多人都认为深夜工作质量最佳，但根据《Inc.》杂志调查发现，早起的人做事较积极而且效率较高。早起者通常起床更快，而且头脑更灵活，能够快速投入注意力要求较高的工作和学习中。另一方面，早起会让人情绪更加积极向上，自我感觉更好，健康意识也更强烈。

一日之计在于晨。在早晨，人们更容易完成那些需要高度自律才能做到的事情。比如，每天清晨五点起床、晚上十点前睡觉的村上春树说："一日之内，身体机能最为活跃的时间因人而异，我是清晨的几个小时，因此在这段时间内集中精力完成重要的工作。"

他规定自己每天写作四个小时，长跑十公里，如此这般，坚持了三十五年。

比如，女神全智贤曾经在接受采访时说："不管前一天工作到多晚，我都坚持每天早上六点起床运动。每周一三五是慢跑，二四六则是其他运动。如果哪一天没运动，我就会全身都不对劲不舒服。"

女神如今已经三十七岁，在她身上却完全看不到岁月的痕迹。早起运动让她保持着身材紧致、皮肤细腻。

不同行业、不同领域，成功的人总有一点共通之处：他们懂得如何利用时间，不把时间浪费在无谓的事情上。

03

那么，如何才能正确地利用早起的这段时间呢？

①吃掉那只青蛙

你是否发现，每一天的自己，都被纷繁复杂的事务淹没，觉得时间永远不够用。当你努力挣扎着做完手头的一项工作后，其他的任务就会如潮水一般接踵而至。

这个时候，学会分清事情的轻重缓急、并且迅速完成那些最重要的事情，会让你的一天过得更加顺畅。有这样一句古老的谚语："如果你每天早上做的第一件事就是吃掉一只活青蛙的话，那么你就会欣喜地发现，这一天里再也没有什么比这个更糟糕的事情了。"

"活青蛙"代表了那些对个人而言最重要、最复杂的任务，如果不积极采取行动，就可能因为它而耽误时间和机会。

所以，一定要抵制住先易后难的诱惑。每天早上要做的第一件工作，就是对你来说最重要的那项任务。

当我们在早起的这段时间里完成了一项最重要的任务时，我们的大脑会释放出一种叫作"内啡肽"的物质，令人自然而然地感到心情舒畅、情绪亢奋。

如果你能通过反复练习克服做事拖拉的毛病，在早晨这段时间里迅速完成最重要的事情，那么你将会进入工作和生活的快车道，踏上成功的加速器。

②为自己制订一天的行程计划

博恩·崔西说过：最糟糕的时间使用方法，就是将毫无意义的事情做得十分圆满。

回想你的一天，是否浪费了太多时间在毫无意义的事情上？明明手头的工作堆积如山、想完成的目标一项都没达到，却一心只想刷朋友圈和微博，或者打把游戏过过瘾。

一些人之所以比另一些人工作效率高，最主要的原因在于：他们十分清楚自己的目标是什么，并且在行动中始终瞄准自己的既定目标。

做事情拖延、缺乏激情的重要原因，就是对自己应该做什么、如何做、为什么而做感到茫然。

所以，早起为自己的一天制订行程计划，能让你的一天更加高效。制订计划时多花费一分钟，就能让你在行动中节约十分钟。花费十几分钟做好一天的工作计划，能让你保持精力充沛、信心十足。

在每天的工作过程中，注意将那些已经完成的任务从清单上划掉。这样你每天都能清晰地看到自己取得的成就，更有动力去做好接下来的工作。

③做好准备工作

克服拖延、提高做事效率最好的方法，就是在开始做事之前把一切都准备就绪。这就好像烹饪一道大餐之前，需要先把所有的材料准备齐全一样。

早起的你，可以有更多的时间打理好自己的衣着装扮。一个人上班的状态，其实从穿着中也能看出。让自己看上去干练又专业，意味着对自我的严格要求，对工作的尊重。

到办公室后，可以清理一下办公桌，使桌面上只摆放和工作任务相关的东西。办事效率最高的人，总是不惜花费时间为自己打造一个舒适的办公环境。你的桌面和房间越干净、越整齐，你的心情就越愉快，处理复杂事务的动力也就越充足。

结语

有些人，二十多岁就开始养老了。每天浑浑噩噩地度过一天又一天，不再学习新的知识，不再想着提升自己。

如果我们能利用早起的这段时间，为自己学习充电，安排好一整天的计划，做一天中最重要的事，我们就已经比别人提前开始了崭新的一天。

有人说：你怎样度过一个早上，基本就怎样度过一生。

愿你我，都能以饱满又充沛的精力，去面对崭新而美好的一天。

哪个瞬间会让你觉得读书真有用

知乎上有个很火的话题，叫：哪个瞬间让你突然觉得读书真有用？

有人说：背诵《岳阳楼记》全文，可以免费参观岳阳楼的时候。有人说：看到所有人都在转"不转不是中国人"的文章，可以微笑拈花、庆幸自己不是"脑残"之一的时候。还有人说：开始真实地感受到输出的每一句话都在暴露输入的时候。

读书的用处，并不仅止于此。现代人总是在津津乐道卖煎饼的大妈月入三万、外卖小哥薪水比 985 高校毕业生高得多，读书无用矣。

然而，在这个浮躁的社会，读书真的已经没有用了吗？读书的用处，不一定在于功成名就、荣华富贵，更重要的是提升了一个人的修养和谈吐，拓展了眼界和见识，让你拥有更多选择的权利，获得内心的平静。

01

英国 BBC 曾经拍摄过一部纪录片叫《人生七年》，真实地展示了十四个孩子从七岁到五十六岁的人生轨迹。

七岁，富裕家庭出身的小孩已经每天在看《金融报》或《观察者》。他们从小就接受了良好的教育，并很早就对自己的人生做了规划。与之形成对比的是，贫民窟的孩子甚至谈不上什么梦想。他们只希望能吃饱饭、少罚站、少被打。

当他们长大之后，当年那几个富裕阶层的孩子已经按照既定路线上了牛津大学，成为著名律师。而当年出身底层的几个孩子，有的成了泥瓦工，有的则当了出租车司机，甚至还有在大学辍学后成了流浪汉的。

然而，影片拍摄到后面，却出现了一个成功实现阶层逆袭的例子：Nick。

Nick 来自小学只有一个教室的偏远贫困乡村，他却热爱读书。二十一岁时，他顺利考上了牛津大学学习物理，毕业后去美国深造，当上教授，并娶了身材外貌气质极佳的美国妻子，成功晋级精英阶层。因为读书，Nick 克服了出身的局限，改变了自己的命运。现在的孩子，总喜欢把几个文化程度不高却事业有成的名人挂在嘴边，仿佛自己不用读书也可以成为其中之一。

然而事实上，大多数不爱读书、总想走捷径的孩子，长大后会发现，自己所谓的疯狂的青春，换来的仍是一生的卑微和底层。

龙应台曾经送给儿子安德烈这样一句话："我要求你学习用功，不是因为要你跟别人比成就，而是因为，我希望你将来拥有更多选择的权利，选择有意义、有时间的工作，而不是被迫谋生。"

读书有用，有用在于：即使无法选择自己的出身，却可以选择通过读书更好地改变、提升自己。读书与不读书的人生，有时候真的天差地别。

02

有人曾问："女孩子上那么久的学，读那么多的书，最终还不是要回一座平凡的城，打一份平凡的工，嫁为人妇、相夫教子，何苦折腾？"

说这话的人一定不明白：一个人的气质、涵养和眼界，从其读过的书中就能体现出来。那些优美的文字、深邃的思想经由数百年、数千年积累而来，凝聚了无数先贤学者的智慧，总会在不知不觉中潜藏在你的气质里、谈吐上。

腹有诗书气自华，读书，是性价比最高的提升气质的方式。杨绛先生说过：书读多了，人的容貌自然会变。那些颜值与气质并存的女人，通常都爱读书。

张静初曾被拍到独自一人在书店安静读书的照片。她在接受采访时说过："一日不读书，面目可憎。"在她看来，书是摆脱现实生活烦恼的一个渠道，"一旦看书，你就会觉得这些烦恼那么小，书就是给你一个更广阔的世界。"

陈意涵曾在《花儿与少年》里说："我的人生，只要让我运动、给我啤酒、一本书，我就别无所求了。"读书和运动让她的生活总是那么元气满满，即使在拍戏的间隙，看书对她来说也是必不可少的。

而从小爱读书的奶茶刘若英更是公认的气质女神，曾被陈升称为"台湾看书最多的女艺人"，成名后逛书店依然是她一直保持的爱好。她买书比买衣服还多，比起那些只肯花重金置办衣服、珠宝的女明星，她的气质令人舒服得多。

毕淑敏在《我所喜爱的女人》一文中写道："我喜欢爱读书的女人。书不是胭脂，却会使女人心颜常驻。书不是棍棒，却会使女人铿锵有力。书不是羽毛，却会使女人飞翔。书不是万能的，却会使女人千变万化。不读书的女人，无论她怎样冰雪聪明，只有一世才情，可书中收藏着百代精华。"

读书有用，有用在于：读书让人拥有富足的心灵、无可比拟的气质。一个人的美貌会随着岁月的流逝而慢慢消失殆尽，而美好的气质却能够永存不朽。

03

前几天和朋友聊天，我有感而发：

"高中的时候，我会背文言文，会解各种函数题，知道元素周期表，还懂得电压电阻。现在什么都忘了，只会玩儿手机。"朋友笑谈："所以说啊，读书根本没用。你看现在，网上什么都有，不懂的百度一下就行。"

她的话让我陷入沉思：如果读过的书转眼就忘，那读书究竟有什么用呢？知乎上有人提出了类似的问题，有一个答案获得了无数人的赞同：

"我从小到大吃了很多食物，大多数都排出了身体，剩下的成为我的骨和肉。我想，读书之于思想，和食物之于身体，应该是一个道理。"

书读多了，看世界的方式、思考问题的角度都会变得不同。你以为自己全忘了，其实，你现在的思想、你对世界的认知里，都藏着你读过的书。

爱读书的人总是低头看书，忙着浇灌自己的饥渴。他们让自己是敞开的桶子，随时准备装入更多、更多。他们懂得生命太短，人总是聪明得太迟。

杨绛先生说过："读书的意义大概就是，用生活所感去读书，用读书所得去生活吧。"当你读一本书时，当时可能无法完全理解，或者看完就忘。但其实，阅读已经在你身上发生了作用。

三毛说："读过的书，哪怕不记得了，却依然存在着。在胸襟的无涯，在精神的深远。"读书有用，有用在于：读过的书，日积月累，会让你拥有更广阔的视野、更深邃的思想。

你会发现，那些不爱读书的人，苍白的脑袋总是无法隐藏。

北宋著名文学家黄庭坚说过："一日不读书，尘生其中；两日不读书，言语乏味；三日不读书，面目可憎。"

结语

你读过的书，暴露了你的人生层次。身处这样一个浮躁的时代，能坚持读书的人，更显可贵。而总有一天，你会发现，你读过的书、学过的知识会由量变到质变，进而给你的人生带来意想不到的改变。

坚持做这三件事，活成自己想要的模样

从小到大，我都觉得自己是个三分钟热度的人。学吉他，刚学会各种和弦的指法，吉他便被我束之高阁；练字，一本字帖都还没练完，我就彻底失去了兴趣；日常写作，总是挤出几行字之后就想先打把游戏或看一集电视剧再说。

有人说："99％的人智力和原始能力都差不多，拉开距离的地方就在于是否能坚持。"我们总是太过浮躁、爱计较，想让付出有快速的回报。太多人都有试图改变自己的想法，但结果往往是心潮澎湃地立下誓言，却又因无法坚持下去而懊恼不已。

可以说，你坚持的事物，影响着你日常生活的方方面面，甚至决定了你今后将成为什么样的人。至今为止，我放弃了很多好的习惯，也吃了很多苦头，唯独坚持做这三件事，让我活成了自己想要的模样。

01. 拒绝"伪工作"

大四刚踏入职场实习的时候，每到周末，我就坐在电脑前写实习报告，回想着这一整周的工作，脑袋里只有一个字："忙"，却想不起自己具体都干了些什么。

只记得自己每天到公司以后，打完卡先刷会儿微博。过了

十五分钟后，用电脑回复一些无关紧要的邮件，接听几个没多大意义的电话，打开又关掉一个个网页，借着送文件的机会穿过一个个办公室与人闲聊，最重要的工作却迟迟没动。

你是否也遇到过像我这样的情况：明明手头上有一件非常重要的任务需要去完成，可你却偏偏选择去做一些并不重要的程序性工作。

这些不重要的工作包括：回复毫无意义的邮件和电话，不动脑地复制粘贴一些文字、制作一些表格，开会时间聊一些与主题无关的八卦……

如果你也有类似的情况和感受，那么这就说明：你在认真地做着伪工作。"伪工作"是美国著名程序员保罗·格雷厄姆提出的概念，是指那些看着像工作，但实际上产出很低，还会暗中消磨我们的意志力、麻痹我们大脑的工作。

如果我们连续打了五个小时的游戏，或者连续逛了五个小时的网店、看了五个小时的电视剧，我们通常会产生一些罪恶感。这种罪恶感达到一定的阈值后，我们会开始暗示自己的大脑：要开始学习或工作了。

但连续做五个小时的轻松、熟练、无关紧要的伪工作，却不会引起我们的罪恶感。虽然同样是浪费时间，但伪工作却会麻痹我们的大脑，让我们自欺欺人地以为我们在做的是正经事。

这种忙碌并不能显示出你的才能，相反，它会显得你更加无能。花在处理不重要的琐事上的时间，丝毫不能证明你的能力。当明白这个道理后，我开始拒绝做伪工作，过滤掉那些不必要、完全是消磨时间的工作，集中精力去做那些最重要的事。

每天早晨到达办公室后，先在便利贴上列出今日工作规划，用上时间管理中的重要紧急四象限原则，合理有效地安排工作时间。

坚持这件事，让我变得更加高效、并且保持着精力充沛。

02. 坚持深度阅读

之前在日本留学的时候，一周有三个晚上会去日本的牛肉饭连锁店"松屋"里打工。在打工的时候，我发现了一个奇妙的现象：

很多客人会在等饭菜上来的那段时间里，拿出一本书安安静静地看。有时候甚至读到忘我，连饭也顾不上吃。不止如此，甚至在拥挤的地铁里，这样的场景也是随处可见。无论是学生、上班族，还是年过七旬的老人，经常手里拿着一本文库本，聚精会神争分夺秒地看书。

这样的场景令我感到不可思议，毕竟在中国，大多数人还是习惯刷手机消磨时光。在地铁或饭店看书的人，甚至有可能会被认为有点"作"。

在这个碎片化阅读时代，深度阅读这件事似乎已经成了一件奢侈品。据调查，中国的成年人在离开校园之后，平均一年也读不完一本书。似乎越来越多人没有耐心去好好读懂、读透、咀嚼一本书，而是将更多的时间花在了娱乐性强的八卦新闻、网络段子上。

你有多长时间没有好好去品读一本经典文学作品？翻开一本书，是否经常读到一半就丧失了耐心？

为了不让自己脑袋变得越来越空，我一直坚持深度阅读。在阅读过程中，读到有感触的内容，有时候会摘抄进笔记本里，有时候会在旁边标注读书笔记。

静下心来读一本书，可以跨越时空，接触到那些最杰出的想法，体味最美妙的文笔。坚持深度阅读，让我学会了深度思考，遇到生活中的一些问题可以更加游刃有余地处理解决。

03. 一心一用

上学的时候，经常一边用电脑看美剧一边刷手机，或者边听歌边写作业，觉得自己可以一心多用，节约时间。可结果往往是，一集美剧看完没有留下任何印象，因为注意力都被手机上的娱乐新闻吸引走了；作业里错误百出，因为音乐让我没办法静下心来思考。

工作的时候亦是如此，喜欢同时开展多个项目，尽快将任务完成，以证明自己的实力够强。

然而，我高估了自己同时执行多项任务的能力，盲目追求高效，反而让自己花费更多的时间和精力，最后什么都没做好。

我开始明白，人们之所以一心多用，并不是因为擅长才这样做，而是因为自己自制能力相对较弱、容易分心，难以克制自己去做另一件事的冲动。

某神经系统科学家发现，同时使用多个电子设备执行多项任务，很可能导致大脑中的重要结构萎缩。也就是说，一心多用，很可能让我们的大脑受到伤害。一心多用，是对深度思考能力的摧残。

我们同时做很多件事，结果可能会是，把每一件事都做得很平庸。当明白这个道理之后，我开始学会慢下来、静下来，一次只处理一件事。

处理事情的时候，不是想着赶紧把这个任务做完，不要在上面浪费太多时间，而是想：怎样才能将这个任务处理得更好。

专注，是这个时代最稀缺又最重要的品质。

结语

有人说，世界上有两种人：空想家和行动者。空想家们善于谈论、想象、渴望甚至设想去做大事情，而行动者则是去做。坚持这三件事情，令我养成了良好的习惯。我开始在生活中的方方面面不再拖沓，变得有条理、有效率。约翰·马克斯韦尔说过："除非你去改变一些你每天都做的事情，否则，你的生活只能一如既往。成功的秘密就隐藏在你的日常行为中。"

坚持这三件事，我活成了自己想要的模样。

为什么有的女生活得像开了挂

01

周末宅在家里玩手机，不经意间刷到了老同学小凡的朋友圈动态。照片上的她站在东京塔下，开心地对着镜头大笑。清爽利落的齐耳短发，优雅得体的秋冬系妆容和穿搭，在华灯初上的东京夜景中，美好得如画报一般。

学生时代的她，与现在判若两人。那时候，她总是戴着黑框眼镜，厚厚的刘海挡住了半边的脸，一年四季都穿着校服裤。成绩中等偏上，在班里没有什么存在感，同班同学有时候甚至会忘了她的名字。

而现在的她，则以开挂般的姿态出现在我们的视野中：一份令人羡慕的工作、贴心至极的另一半和认真打扮后越来越出众的外貌……

李宗盛曾经说过："人一生中每一个经历过的城市都是相通的，每一个努力过的脚印都是相连的，它一步一步带我到今天，成就今天的我。"

人生没有白走的路，每一步都算数。那些人生像开了挂般的女生，背后都付出了怎样的努力？

韩庚在三十四岁生日当天，发微博高调公布了恋情。而他的女友，就是《战狼2》中饰演援非医生的混血女演员卢靖姗。不但颜值高、身材好，还是个不折不扣的学霸级人物。

看了卢靖姗的微博和访谈，发现她的日常简直就是当代精致女生的修炼手册：每天不管有多忙，她都要抽时间运动，跑步、跆拳道、射箭、拳击、冲浪无所不能。

而在饮食方面，卢靖姗更是自律到极致。每天早上自己榨一杯蔬果汁，材料是有机胡萝卜、苹果、生姜，不但清肠，还能提供能量；坚持素食，坚持洗肠、排毒，尽可能减少食物给身体带来的负担。

她曾在访谈里说过："好身材其实是70%的饮食和30%的运动啊，少吃一些有防腐剂的食物、少吃一点甜食，多吃些健康的富含丰富纤维的食物、多喝水，你的身体自然就会感受到舒服，也自然能够变得健康。"

正是日复一日的自律，让三十二岁的卢靖姗一直保持着苗条匀称的身材。诱人的马甲线、赏心悦目的大长腿、紧致富有弹性的皮肤，让她总是散发出健康的性感。

我欣赏着她的美丽，更从心底向往着她的自律。

出演《和平饭店》的演员陈数说过这样一句话："每个女人都会有那么年轻貌美的几年，可是之后你怎么办？所以必须自律，对自己有要求。就算我不是演员，只是一个女生，也不会允许自己糟糕成某种样子。"

每一个不自律的行为，都只会让自己离理想的状态越来越远。每一个开挂的人生背后，都是扎扎实实的努力和付出。

自己要变得美好，世界才会温柔以待。

在抖音上看过这样一个视频。

素颜、睡衣、看上去比路人还路人的小姐姐们，用毛巾将镜头一挡，下一秒突然转变了画风。有的变身成欧美范的帅女孩，精致深邃的妆容让她气场全开；有的变身为妩媚动人的气质美女，好看得让人移不开眼睛。

每个女生都可以是潜力股。

我很喜欢的一个美妆博主 Vivekatt 曾经说过："上帝赐予你的外貌是一张白纸，你可以在白纸上绘出你喜欢的模样，活出自己的样子。"

真正的自信，不是说必须不化妆、不打扮、不护肤、不洗头展露着一脸青春痘出门还觉得自己特美。而是敢于以自己的喜好打扮自己的身体、选择自己的生活。

主持人杨澜，写过这样一篇文章。说自己在国外留学期间，曾经因为穿着打扮被面试官鄙视、被房东老太太赶出家门。当她披头散发、在睡衣外裹上大衣冲进一家咖啡馆，坐在她对面的一位英国老太太手写了一张便笺给她。

上面写着：洗手间在你的左后方拐弯。

在国外，衣衫不整、不注重打扮，是一种不尊重自己、不尊重他人的表现。当杨澜从洗手间整理好回到座位上，那位老太太已经离开了，只留下了便签上的一句话：

"作为女人，你必须精致，这是女人的尊严。"

这段经历，让一直认为能力才是最重要的她明白了这样一个道理：没有人愿意通过你邋遢的外表了解你高尚的灵魂。而当她开始注重自己的形象，生活和工作也开始变得顺利。

我曾目睹了朋友圈中一个女生的蜕变历程。

一个暑假的时间，她瘦了二十斤，用的就是最笨的方法：跑步加过午不食。瘦下来的她并没有安于现状。宿舍没有条件做饭，她就买了个豆浆机，保证自己每天都能摄取充分的粗粮和水果；吃完饭就靠墙站立半小时，以矫正自己的站姿；养成晚上十一点准时睡觉的习惯，睡前一小时不玩手机，只看书；跟着时尚杂志学穿搭，写穿衣心得笔记，学会了如何淘到平价却最适合自己的衣服；在网上看美妆博主的视频，一次次尝试，慢慢摸索出最自然、最适合自己的妆容……女生变美这件事，真的是需要付出实打实的努力的。

巴菲特说过："当我们需要什么，就只能让自己配得上它。"正所谓："工欲善其事，必先利其器。"

只有将时间花在磨炼自己上，从身体、精神、心智到待人处事四个层面，才能增进个人产能，累积其他修养的本钱。

日本作家中谷彰钳曾为年轻女性写过这样一句话："在人生的道路上，为追求真正属于自己的生活而竭尽全力，饱尝辛酸和痛苦的人生才是魅力的人生。"

结语

人生没有白走的路，每一步都算数。在漫长的岁月里，你是否为自己的生命注入了新的东西？还是依旧浑浑噩噩，羡慕着别人开挂般的人生，自己却不肯付出努力？

当你开始变得更美好，也许你眼中的世界真的会变得不同。

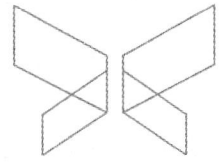

5

自律，是为遇见更好的自己

请逼着自己成为更好的人。

我希望你能见识到令你惊奇的事物，我希望你能体验未曾有过的情感；

我希望你能遇见一些想法不同的人，我希望你为自己的人生感到骄傲。

我希望你活得充实、有趣又足够自律。

愿你走出半生，归来仍是少年。

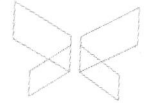

不摆脱这种思维模式，将会毁掉你的一生

01

不知从何时开始，年轻人变得越来越颓废。

面对着渺茫的发展前景、空虚的内心世界、一眼能望到头的未来生活，变得不想工作、漫无目的、情绪低迷，只想得过且过。我们开始厌恶鸡汤，厌恶成功学：

条条大路通罗马，可有的人就出生在罗马，输在起跑线上的我能怎么办？为什么生命一定要耗费在加班、学习、上进、追求成功上面，为什么就不能虚度？我们俨然成了垮掉的一代，不求上进的一代，悲观绝望的一代。

有人说，人过了三十岁，心态比能力更重要。可现实的残酷，却让我们不得不用悲观的思维模式来看待事物：对今天解决不了的事情，不要着急，反正明天还是解决不了。

维克多·弗兰克曾经写过这样一段句子："悲观主义者好比一个恐惧而悲伤地看着墙上的挂历每天都被撕掉一张，挂历越变越薄的人；而积极地应对生活问题的人好比一个每撕掉一张就把它整整齐齐地摞在一起，还要在背面记几行日记的人。"

我就是所谓的悲观主义者，习惯用消极、悲观、颓丧到极致

的思维模式来看待事物。直到我看了塞利格曼的著作《活出最乐观的自己》，这本书名像烂大街的心灵鸡汤实则干货满满的书告诉我：不摆脱悲观的思维模式，未来迟早要被淘汰。

02

大学刚毕业那会，我和所有刚踏入职场的新人一样，对职业发展生涯充满了憧憬和希冀，对所有工作任务都充满兴趣。

直到几个月过去，热情渐渐消退，工作中遇到一系列挫折，再加上每天都要忍受着上司如同家常便饭般的尖锐指责，我变得丧气了。

我开始对工作产生强烈的抵触心理，每天清晨睁开眼睛，要去上班的压力令我痛苦不堪。上司交代的任务我也开始敷衍了事：反正不管我做得多好都要被批评，不如随便应付。

那段日子，可以说是我人生中最黑暗的时光，每天浑浑噩噩、失去希望，怀疑自己、怀疑人生。其实，那时候的我，正是陷入了"习得性无助"的怪圈。

塞利格曼曾做过一项经典实验：起初把狗关在笼子里，只要蜂鸣器一响，就对它进行电击，狗关在笼子里逃避不了电击。多次实验后，只要蜂鸣器一响，还没进行电击，狗就伏倒在地，开始呻吟和颤抖，即使把笼门打开，也不会逃走。

本来可以主动逃避，却选择绝望地等待痛苦的来临，这就是习得性无助。我就如同实验中那条绝望的狗一样，在工作上总是得不到认可，因此对自身产生了怀疑，觉得自己无药可救。

悲观的人很容易放弃，常常陷入对自我的怀疑、批判之中。习惯性的悲观想法会导致更多不顺利的事降临到我们头上，而且这种想法会使我们很容易陷入抑郁状态，使我们不能发挥出原有的能力。

03

悲观的思维模式有时候真的会毁掉人的一生。

有一家大型贸易公司，会计室一半的员工都被解雇了，其中包括娜拉和凯文。这件事对他们的影响很大，两个人都没有勇气去找新工作，也尽量避免去做报税或其他跟会计相关的事情。

但两人的思维模式却让各自的人生轨迹发生了不同的变化。娜拉没有一味沉浸在消极中，而是下定决心修炼自己。她坚持每周去三次健身房，偶尔做做美容，整个人看起来比上班时更加神采飞扬；每天抓紧时间为自己充电学习，寻找着新的出路。

而凯文就完全不一样了，他整个人都崩溃了，不再和妻子去散步，妻子和他说话时，他也好像经常没听见。儿子小学毕业了，学校邀请家长参加毕业典礼，但他实在害怕面对儿子同学们的家长，所以拒绝参加。不久，他得了重感冒，休养了一个冬天都没有完全康复。他甚至放弃了坚持十年的清晨慢跑，终日无所事事地待在家里。

我们在失败时都会感到暂时的无助，但有些人可以再爬起来，而有些人则被拖进绝望的深渊无法自拔。

悲观的人沉溺在失败中，因为他们把失败看成是永久的、普遍的。他们变得很抑郁，而且停留在无助中。一点小挫折在他们看来就是大失败，而一处失败就认为会满盘皆输。

用悲观的思维模式看待人生的人，常常在开始做一件事情之前就想到种种失败的可能性。大量关于失败的悲观预想，会让一个人沉浸在挫败和痛苦之中。为了避开这些痛苦，悲观的人干脆不再尝试，不再付诸行动。这样只会导致失去更多的机会，失去从头再来的可能性，变得愈加平庸。

04

悲观的思维模式看起来根深蒂固，但其实是可以改变的。很多人都有过减肥的经历。Kitty 已经节食两个星期了，然而，今天下班后，她和同事出去喝酒，吃了点炸土豆和鸡翅。

回到家后，她感觉非常沮丧，觉得自己破坏了节食计划，前功尽弃。她开始用悲观的思维模式来看待这件事："反正你就是注定减不下来，因为你的意志力太不坚定了。唉，既然过去的节食都毁了，你干脆把冰箱里的蛋糕拿出来，痛快大吃一顿算了。"Kitty 打开一盒巧克力蛋糕把它吃得精光。她的节食计划真的前功尽弃了。

其实，吃了一点炸土豆和鸡翅，并不会毁掉她的整个节食计划，真正毁了她的是她看待这件事的悲观思维："反正你注定减不下来"，她的结论也很悲观："不如破罐破摔。"

如果她可以转变自己的思维模式的话，这件事可以有个完全不同的结局。

"我只是比食谱允许的热量多吃了一点，并不代表我意志薄弱。我坚持了两个星期，这就是最好的证明。最重要的是，即使我吃了不该吃的东西，我也不该继续破坏我的节食计划。最好的方式是不再去想这次的错误，继续努力节食。"

一个人的思维模式是悲观还是乐观，是我们放弃、颓废或是振作、再尝试的关键。要想让自己远离悲观，我们必须学会客观理性地为自己的成功和失败归因。通常挫折后的消极想法是不合理的，大多数人会选择最坏的可能性，把一点小事看成大灾难。

因此，我们要学会在受到打击时，从更具鼓励性的角度来考虑挫折或困境。

结语

拜伦说："悲观的人虽生如死，乐观的人永生不老。"并不是叫你盲目地、无条件地将乐观应用到所有的情景中，毕竟在生活的某些层面，乐观是不切实际的。

轻度的悲观可以让我们在做事之前三思，不会做出愚蠢的决定。但总是用悲观的思维模式去看待事物，我们永远不敢去尝试新事物，也不会知道我们的潜力有多大。

愿你我能改变悲观的思维模式，走出平庸。不要让你的悲观，阻止你成为更好的人。

正确的思维方式，比所谓的努力更重要

小说《离歌》中，毛北说：

"我努力奋斗，依然被瞧不起；

"我天天熬夜加班，依然只够填饱肚子；

"我想向全世界证明我，却没有一个人理我。"

成年人的世界，不再是喊口号般的人生。有时候，正确的思

维方式，比所谓的努力更重要。

那些让人越来越平庸的思维方式，你占了几个？

01

几年前流行过这样一道测试题。

你开着一辆车，在一个暴风雨的晚上，经过一个车站。

有三个人正在焦急地等公交车。

一个是病重的老人，他需要马上去医院；一个是医生，他曾救过你的命，你做梦都想报答他；还有一个女人，她是你做梦都想娶的人，也许错过就再也遇不到她了。

但你的车只能再坐下一个人，你会如何选择？这是一家公司的面试题，回答五花八门。

有人说，老人快要死了，不能见死不救，应该让他上车。

有人说，不用先让医生上车，因为将来说不定还有其他机会可以报答他。

还有人说，应该先让意中人上车，因为可能永远不能再遇到一个让你这么动心的人了。

据说，二百个应聘者中，只有一个人被雇用了。他的回答是："给医生车钥匙，让他带着老人去医院。而我则留下来陪我的梦中情人一起等公交车。"

看了他的答案，有没有恍然大悟的感觉？单一思维，即倾向于用自己知道和喜欢的模式思考问题，遇到所有问题时只用一种方式来解决。

理财大师查理·芒格，将习惯用这种思维解决问题的人比作只有一个锤子的人：

"如果一个手里只有锤子作为武器的人，那么他解决所有问题的方式就是只会使用锤子。"

然而，世界并不是非对即错、非黑即白。单一思维会让我们思想僵化，缺乏创新。我们需要学习不陷入固有的思维模式，用更经济的方式解决问题。只有这样，才能跳出局限，以前所未有的新视角、新观点去认识事物。

02

两年前，我和朋友一起去东南亚旅游。

为了省钱，我们订的是最便宜的机票，因此航班时间特别早。临行前一天，朋友提议："我们明早直接打个车去机场吧？这边过去要换乘两三种交通工具呢，太折腾了。"我犹豫了："打车要多少钱啊？"

"差不多两百多元吧！"

"那还是不要了吧，我们早点起床不就好了。旅行的时候要花钱的地方还好多呢。"

于是，为了省下一点打车费，我们第二天天没亮就起床出了门。一路坐公交、搭乘地铁，最后换乘机场大巴，折腾了三个小时，差点没赶上飞机。

虽然最后还是顺利登机了，但这个教训让我反思了很久：因为自己的抠门，差点让一场旅行泡了汤。

这么多年来，自己经常为了省小钱，而浪费太多的时间和精力。为了看免费电影和电子书，不惜花上几个小时去各类论坛注册、留言、破解下载；遇到再重要的事，也宁愿步行几公里坐公交，不肯花十几块钱打个车；每次去超市，有打折的商品就绝对不会买正价品，家里囤积了满满的卫生纸和洗衣液；旅途中住最便宜的青旅，却被别的房客的呼噜声吵得整晚睡不着……钱是省下了，可却浪费了太多的时间成本。

而真正聪明的人，绝不会浪费自己的时间，而是会花钱买时间，利用时间产生更大的效应。他们在做任何事情之前，都会先计算机会成本。相同的时间，是不是可以放在更有价值的事情上？哪些事情是可以花小钱解决，而不是占用大块时间的？

"省钱"的最高境界，就是投资自己。将自己的时间和精力花费在未来能够增值的事情上，才能让自己变得更值钱。

03

学生时代，班里有这样一个女生。

老师写在黑板上的板书，她一定会原封不动地全部抄在笔记本上；老师上课时用到的 PPT 课件，她一定会在下课时拿上自己的 U 盘，找老师拷回家。到后来，我甚至看见她拿了一支录音笔，上课的时候放在桌角。

我问她，下课还会再去听一遍课上的内容吗。她说：睡觉的时候听。这样的话，就算身体睡着了，大脑还能记忆。

宿舍每天晚上十一点熄灯，她就去楼梯口蹲着读书，孤独的小台灯陪着她亮到半夜。

但是，这样的勤奋，并没有换来理想的结果：她的月考成绩一直在中下游徘徊，并且毫无上升的趋势。

也许，她只是用错了努力的方式。上课只顾着记笔记，没有听到老师梳理的重点；课件拷回了家，却只是走马观花地看了一遍；睡觉的时候听录音，却越听越焦虑，导致睡眠质量奇差无比……

连岳老师说过："低端勤奋，不需要动脑，精疲力竭后，感动了自己，导致他们不可能提升自己，没办法让自己更值钱。"

现代人都太容易被自己感动了。作家李尚龙也描述过这样的现象：看起来每天熬夜，却只是拿着手机点了无数个赞；看起来那么早去上课，却只是在课堂里补昨天晚上的觉；看起来在图书馆坐了一天，却真的只是坐了一天；看起来去了健身房，却只是在和帅哥、美女搭讪。

当你的勤奋不能转化为价值时，你的勤奋只是低端的勤奋。低端的勤奋，把自己感动得一塌糊涂，却收效甚微。

与其超长待机，不如选对方法，提高效率。

结语

多少人，随波逐流、按部就班地活成了平庸的模样。

最可怕的事情，莫过于：这个世上有诸多美景，而我却碌碌一生。

一辈子那么短，愿你我能在最好的年华里，活出平凡却不平庸的自己。

高层次的人生，从来不在这三件事上节省

01. 不在健康上节省

在豆瓣上看过一个帖子《原来大家最拼命的时候是这样子的》，其中一位网友分享了他的故事：

我本来是学计算机的，结果找了一个证券公司的工作。隔行如隔山，真是什么都不懂。公司下了规定，必须一个月内考下证券从业资格证，考不下来就卷铺盖走人。

于是，我在公司旁边租的房子里，整整宅了十多天，连吃泡面都觉得好浪费时间，每天火腿肠加沙琪玛，后来连上厕所都是火腿肠的味道。严重缺乏营养和维生素，每天起床头昏眼花，手指头全是肉刺，牙龈每时每刻都在流血。每天 2 点睡觉，7 点起床，除了睡觉，眼睛没有离开过书。肩膀也肿了，想捶又够不到，就拿雨伞狠狠地敲。后来终于顺利地完成了这个艰难的任务。

不能不说这段经历很燃、很热血、很励志，我却看得毛骨悚然。长达十多天的熬夜、饮食严重缺乏营养、缺乏运动，虽然换来了证券从业资格证，但也足以毁掉一个人的健康。

"三十岁以前，我们是在用身体换钱。三十岁以后，我们用钱换身体。可是我害怕我活不到三十岁。"

2016 年 6 月，天涯副主编金波在地铁上猝死，生前工作比较拼，经常熬夜。

2016 年 9 月，《我是演说家》中的选手，二十六岁的女孩周西，在演讲中说自己被查出疑似卵巢癌：

"在过去的一年里，我没有当天睡着过。总要躺着和人聊聊天。"于是，她就按照挂历上的提示，每周都给她朋友打电话，熬夜到一点、两点、三点成了家常便饭。"我好像永远放不下我的手机，关不掉我的电脑，丢不了我的工作。"

2017 年 9 月，微博网友卡卡发长文解释自己为何失联了九天：因习惯性熬夜，第二天又早早起来工作，突发脑出血。

2017 年 9 月，四十岁心内科医生深夜猝死，生前因工作原因经常吃饭不规律、精神压力大。

这些新闻也许仍打动不了你，因为当不幸没有降临在自己身上的时候，总是会心存侥幸。

"等我忙完手头这个项目，就好好歇一阵。"

"等我看完这一集，我马上就睡。"

"等我升职了，绝对不再吃泡面，保证每天给自己做丰盛的早餐。"

这些话语就像给自己立的 flag，永远没有兑现的时候。

高层次的人生，从来不在注重健康这件事上节省。你有多久没有好好睡一觉了？你有多久没有花时间锻炼身体了？你是不是早已习惯吃油腻又没什么营养的外卖了？正如刘同所说："腾不出时间运动的人，迟早会腾出时间来减肥；腾不出时间睡觉的人，迟早会腾出时间来生病。"

是时候对自己的未来负责了。

02. 不在经营人脉上节省

懂得经营人脉，到底有多赚？著名心理咨询师毕淑敏曾提到过她自己的一件事：

她能学心理学课程一事，纯属偶然。有一次，她听闻某个朋友摔断了腰椎骨，打了石膏裤，瘫在床上三个月。毕淑敏就在自家墙上的挂历上写了一行字："每周给他打个电话。"

她是医生出身，知道卧床不起的病人非常寂寞，特别需要有人有一句没一句地跟他们闲聊。尽管她很忙，但还是会抽出时间来，让朋友开心。后来有一次，朋友随口说，香港中文大学心理学教授林孟平到北师大带学生。

正是这个消息，让毕淑敏走上了学习心理学的道路。毕淑敏感谢那位朋友说："我能学心理学，多亏你摔断了腰。"

《麦肯锡精英的 48 个工作习惯》中提到成功的四要素，其中第一点就是：重视人脉投资。书中提到："不管多忙，每周都要与公司以外的熟人和朋友见一次面，和他们交换信息，这是有效拓宽视野和拓展人脉的方法。"

你可能会有意想不到的发现，或找到新的人生目标，你们之间可能会培养出深厚的交情。这些都会给你的职业生涯带来更多的成长机会。

比尔·盖茨有句话："一个人永远不要靠自己一个人花 100% 的力量，而要靠 100 个人花每个人 1% 的力量。"

高层次的人生，从来不在经营人脉这件事上节省。在这个时代，人脉带来大量的知识跨界，能够让你学得更快、视野更广、思考更全面。

03. 不在投资自己上节省

作家陶妍妍在文章中写过一位发型师，九零后的小鲜肉。有一次，陶妍妍洗完头发坐到位子上，一眼瞥见他的工作台上放着知名品牌的吹风机。

"看来你很受重用啊，老板给你配备这么好的吹风机！"陶妍妍揶揄他。

发型师笑了："自己买的，好用，对你们头发也好。"三千元的吹风机，自己买来，给顾客吹头发？但他就是这样一个人。

两年后，他已经升职到发型总监。有一次去找他，陶妍妍竟被告知这个发型师自费去上海跟日本造型师学化妆去了。

陶妍妍不解：一个当红发型师，不在店里好好接单赚钱，跑去学什么化妆？

后来问他，他回答说："因为造型讲究的是整体感，客户消费在升级，很多事情我都要提前考虑到。我还准备明年去学服装造型。"这样的人，难怪后来慕名而来找他做造型的客人越来越多。

《麦肯锡精英的48个工作习惯》中，作者提到了这样一个观点：不断充实自己的内在与外在，投资自己才是永远的王道。

投资自己，不在于给自己买多么昂贵的奢侈品，而是用于提升自己的内在。在我们个人成长的突破上、技能的提升上、视野的拓宽上，不遗余力地投入自己的时间资源、脑力资源、财务资源。

只有跨出自己的舒适区，去接触自己的未知领域，不断地学习和改进，才是对自己最好的投资。

高层次的人生，从来不在投资自己这件事上节省。多读书，汲取优秀的人的思想；多旅行，变得更加豁达开朗；多培养挖掘自己的技能，让自己在职场中变得不可代替，这些都能帮助我们成为更好的人。

结语

这三件事，我们最好这辈子都别省。因为你省掉的，也许就是你人生最精彩的部分、未来最华丽的篇章。

一个能够掌握自己命运的人，一定会知道应该将自己的时间、金钱和精力花在哪里。愿你我能不辜负生活，学会更爱自己。

自律的人生开了挂

01

前几天，演员钟汉良在一天内发了四条微博，晒出了他的早餐、午餐和晚餐。早餐是一片吐司加蛋，外加两棵蘑菇和两颗圣女果。午餐是满满的一盘蔬菜，搭配米兰大教堂形状的意大利面。晚餐是自制蔬菜沙拉和燕麦小点心。

清淡又营养的三餐里，藏着他在饮食方面的自律。出道二十多年，钟汉良始终保持着良好的身材和不变的容颜。连见多识广的记者、节目主持人也惊叹于他皮肤的质感，调侃他是不是睡在冰箱里。

然而，正如罗斯福所说："有了自律能力，没有什么事情是你做不到的。"多少人羡慕着别人的身材与样貌，羡慕着别人的成功与精彩。

但是当了解到其背后付出的艰辛和近乎残酷的自我管理后，又迅速打起了退堂鼓。在浑浑噩噩、随波逐流的日子里，继续毫无意义地耗费生命。

知乎上有这样一个问题：你最深刻的错误认识是什么？点赞最高的回答是：以为自由就是想做什么就做什么，后来才发现自律者才会有自由。

当一个人缺乏自律的时候，他做的事情总是在受习惯和诱惑的影响，要么就是被他人的思想观念所扰，几乎永远不可能去做内心真正渴望的事。你会发现：那些自律到极致的人，都拥有了开挂的人生。

02

谷歌有位高级工程师，叫马特·卡茨。他给自己制订了一个三十天改变的计划，每天做一些之前未能坚持的事。

比如：每天骑自行车上班，每天步行一万步，每天拍一张照片，写一本五万字的小说；不看电视，不吃糖，不玩推特，拒绝咖啡因……可以说这份计划充满了挑战性，做不到自律的人势必无法完成。

但马特坚持了下来。三十天后，昔日那个肥腻的宅男工程师不见了，他开始发自内心地喜欢上骑自行车去工作，甚至完成了在非洲最高峰乞力马扎罗山的远足。

心理学家曾经总结过这样的规律：自律的前期是兴奋的，中期是痛苦的，后期是享受的。但有没有发现，大部分人都在自律的中期——痛苦期徘徊太久，以至于把痛苦当作自律。

而当你自律到极致，你会发现：自律能够带给你发自内心的平静和享受。因为你知道，自己在一天天地改变，自律已经变成了一种深入骨髓的习惯。

正如李开复所说："千万不要放纵自己，给自己找借口。对自己严格一点，时间长了，自律便成为一种习惯、一种生活方式，你的人格和智慧也因此变得更加完美。"

《少有人走的路》里有这样一句话："解决人生问题的首要方案，乃是自律。缺少了这一环，你不可能解决任何麻烦和困难。"

那么，如何才能将自律坚持到极致？

03

《毅力——如何培养自律的习惯》这本书中介绍了三种方法，更新了我对自律的认知。

①设立具体目标，坚持无一例外原则

我的表妹小蕊，每天嚷嚷着减肥，却从未成功过。原因之一，想必就在于没有设定具体的目标。

无数研究显示：当人们用具体的条文对他们的目标进行定义后，他们成功的可能性就会大大增加。

大多数制定了明确目标的减肥者（比如：我要在两个月内瘦下十斤），会比那些目标含糊不清的减肥者减肥效果要好得多。

目标明确是很重要的，因为明确的目标可以减少思想上的歧义和执行中的变异。设定目标之后，需要坚持"无一例外"的原则。

比方说，目标是在两个月内瘦下十斤，就坚持在达到减肥目标之前，一点甜点都不吃。如果不坚持这项原则，那么每次面对甜点时，都必须决定是否要放纵自己。在进行考虑的过程中，将会耗费能量，而这些能量，是维持毅力的关键。所以，一旦给自己下了绝对不破例的原则，就不会再把能量花在一遍又一遍、无休止的自我纠结上。

那些自律到极致的人，都坚持了无一例外原则。蔡依林从不吃任何高热量的食品，甚至有三年的时间没有吃过米饭；杨丽萍为了呈现最完美的舞蹈，几乎没有吃过一顿饱饭；刘德华为了保持身材，几十年来都保持着每天一杯酸奶的习惯。

一旦你对某件事情百分之百地投入，那就不可能再有例外。

事情已成定局，再也没有商量的余地。放纵如山倒，自律如抽丝。不要给自己找借口放纵，对自己严格一点，让自律成为一种习惯、原则。

②一次只完成一项任务，不要过多消耗毅力

在改变自己的道路上，许多人会一次性给自己定下太多目标，比如：半年内练出马甲线、考过××考试、看五十本书、看美剧不需要字幕……然而，毅力就像人的肌肉一样，会产生疲劳。同时接受太多挑战，通常无法坚持实施下去。

有一个著名的实验：一百个人被随机分为三组。A组中的每个成员都得到了一盘小萝卜，并被要求全部吃光。B组中的每个成员都得到了一盘饼干，并被要求全部吃光。C组中的每个成员可以选择他想要吃的东西，或者什么都不吃。

在所有的萝卜和饼干都被吃光以后，每个人都被要求解答同一道难题，这道难题实际上根本没有答案。

B组和C组的人在猜了大约十五分钟之后放弃，A组的人只猜了七分钟就缴械投降了。研究者从这次实验中得出结论：A组成员已经耗尽了所有的毅力去吃掉那些萝卜，而B组和C组成员仍有大量的毅力去解那道难题。

意志力就像手机的剩余电量一样。每天早晨你都是充满电的，随着你不断使用你的电力，最后电力耗尽，你也就毫无意志力可言。你在一件事上用的意志力太多，不等它恢复就投入下一件事，那么肯定会疲惫不堪。

注意保存你的意志力，以便在最需要的时候使用。

③把挑战分解成小而易于管理的目标

太多人幻想着能够一蹴而就，一夜之间达成目标。当完成一个任务所需的时间跨度很长、难度很大时，许多人容易半途而废。这个时候，需要学会对任务进行分解。

日本著名的马拉松运动员山田本一，曾在自传中写到自己成功的秘密：

"每次比赛前，我都要乘车把比赛的路线仔细看一遍，并把沿途比较醒目的标志画下来。

"比如，第一标志是银行，第二标志是古怪的大树，第三标志是一座高楼……

"这样一直画到赛程的结束。

"比赛开始后，我就以百米的速度奋力向第一个目标冲去，到达第一个目标后，我又以同样的速度向第二个目标冲去。

"四十多公里的赛程，被我分解成几个小目标，跑起来就轻松多了。

"开始我把我的目标定在终点线的旗帜上，结果跑到十几公里的时候就疲惫不堪，因为我被前面那段遥远的路吓到了。"

通往目的地的道路是由许多细小的、易于管理的步骤组成的。不要总想着毕其功于一役。慢一点、稳一点，关键在于把大目标分解成易于消化、循序渐进的小目标。

结语

以前总觉得，人生苦短，应及时行乐。今朝有酒今朝醉，人不风流枉少年。直到后来，我渐渐发现：每一个不自律的行为，都会给你带来更大的痛苦。

长期暴饮暴食、缺乏运动，会让你不得不为自己的健康付出代价；熬夜打游戏、刷微博，带来的是第二天的无精打采、浑浑噩噩；没有目标、得过且过，会让你迷失方向、日渐空虚。

　　设计师山本耀司说："我从来不相信什么懒洋洋的自由。我向往的自由是通过勤奋和努力实现的更广阔的人生。

　　"我要做一个自由又自律的人，靠势必实现的决心认真地活着。"不要做欲望的奴隶，自律可以令我们活得更高级。

这个不经意的坏习惯，会让你越过越穷

01

　　前几年，我在朋友的生日聚会上认识了一个姐姐，特别羡慕她的快意人生。

　　在我偶尔喝杯星巴克都觉得自己无比小资的年纪，她已经买了一台昂贵的进口咖啡机，优雅地过上了每天喝现磨咖啡的日子。

　　当我趁着打折才舍得给自己买双品牌运动鞋的时候，她已经毫不犹豫、一双接一双地往家里拎奢侈品牌的高跟鞋。

　　当我在旅行途中买廉价的航空机票、住六人一间的民宿时，她已经给自己定制了九天高端深度欧洲游。

　　我羡慕她能够潇洒地做自己想做的事情，毫不犹豫地买下喜欢的东西，不用沾染生活的烟火气息。直到最近，我才偶然间从好友口中得知，那个姐姐现在过得甚是狼狈：原本稳定的工作单位竟开始转型裁员，而她就是被辞退的员工之一。

　　在甚是尴尬的年龄被裁员，没有存款、没有爱人，她只能一边找工作，一边靠父母接济。

当初甚是羡慕，如今却只能为她惋惜：如果之前没有那么大手笔、毫无顾忌地花钱，现在至少还能有属于自己的一笔存款，也不至于沦落到这般模样。

拉斯说过："如果你确实很有钱，在高档商品上随便挥霍一点倒也无妨。但假如你还只是个想要致富的普通人，那么，这样的消费不可能让你成为有钱人，永远也不会。"

深以为然。

02

现在这个时代，无数的公众号告诉你：只知道省钱的人，是没有未来的；会花钱的人，运气都不会太差。但是，你是否知道，平日里你不经意间乱花的那些钱，足以拉开与他人的差距？

有这样一个故事：一对夫妻习惯在每天外出的时候，一人买一杯拿铁喝。他们觉得这是一件非常惬意的事情，从来没有觉得有什么不妥。直到后来，一位理财分析师为这对夫妻算了一笔账：每天两杯拿铁的花费70元，一年就是25550元，30年就是76.65万元……在时间的复利下，每天省下的拿铁钱，竟足够他们买一辆好车了。

这就是所谓的"拿铁因素"效应。这个词是由理财顾问大卫·巴赫首先提出的，指的是日常中像买糖果、瓶装水、杂志、报纸还有拿铁等不太引人注意的一些零散花费，竟有积少成多、聚沙成塔的效应。

就像我，刚毕业那会儿，觉得自己已经步入职场，不能太寒酸，我就学着别人的样子，每天喝一杯美式咖啡，每周找一家小资情调的餐厅请别人吃饭，每个月在商场刷卡买下一套化妆品或一个包包。

那时候的自己，工资不高，心气很高，不想在消费上落后别人一步，却忘了作为普通人的我，根本没有超前消费的资本。直到半年后，我才猛然惊醒：工作了那么久，非但没有攒下一分钱的存款，信用卡却频频透支，竟比大学期间还要穷困。

原来，生活中那些我不曾注意到的"拿铁因素"，竟在不知不觉中耗光了我的积蓄。我终于意识到，不能再任由自己无拘无束地花钱了。但凡对自己负责的人，都应该对未来有所规划、懂得如何理财。

03

避免让"拿铁因素"导致你越过越穷的第一步，从记账开始。我的朋友L，工作有两三年了，每个月到手的工资也有八千多元。因为单位就在父母家的边上，所以她不需要租房，也不用还房贷、车贷，平时也没有什么大的开销，所以我十分不能理解为什么她会是和我一样的月光族。

她显然也不清楚自己每个月的钱都花哪了。大笔的开销还有迹可循，小的花费真的是没办法每笔都记住。

我叫她试着记账看看，每花一笔钱都马上记录下来，这样就可以让所有的开销一目了然了。

一个月后，她跟我交流她的记账心得：原来，花在小东西上的钱居然如此之多！趁着超市打折囤积的日用品、路过精品店随手买的小饰品、网购的动漫手办、在网红店买的零食……就是这样看似不起眼的一笔笔七零八碎的花费，积少成多也足以让人咂舌。

而坚持记账，可以让自己从日常开支中总结出规律，避免自己又在不经意间增加不必要的开支。更重要的是，可以通过记账培养自己的耐心，有规律地规划自己的生活。只有逼着自己看清在消费上的坏习惯，才能真正有所成长。

04

避免让"拿铁因素"导致你越过越穷的第二步，便是强制储蓄。

有这样一个故事：从前，一对夫妻因为过年无钱办年货而发生口角，妻子责怪丈夫抽烟花钱太多，如果不抽烟就能省下过年钱。为了证明这一点，妻子准备了一个储钱罐。丈夫每买一包烟，妻子就往储钱罐里投入一包烟的钱。等过年的时候，妻子把储钱罐里的钱倒出来，没想到竟是一笔不小的数目。一家人用这笔钱好好地过了个年。

从此，丈夫痛下决心戒烟，妻子也就没有再往储钱罐里存钱了。然而，到了年底，他们却发现：又没有办年货的钱了。夫妻俩面面相觑："好像没有大手大脚花钱了啊，为什么又没钱过年了？"夫妻俩之所以又没有办年货的钱，无非是因为没有再强制储蓄了。

许多人的储蓄习惯是：收入 - 支出 = 储蓄。然而，由于各种无法看见的"拿铁因素"，往往会导致储蓄结果与预期背道而驰。

所以，强制储蓄便是把公式换成：支出 = 收入 - 储蓄。比如说，每个月工资三千元，在发工资的那天强制将工资里的五百元存到另一张卡上，就当自己没拿过这五百元钱。

　　我们的生活品质并不会因为少了这五百元钱有所变化，因为人的适应水平、消费习惯会慢慢跟着调整。其实，五百元或一千元真的不经花，几顿饭或几件小东西就没了。但只要坚持存下来，几年以后就是一笔不小的数目了。

　　强制储蓄，或许是月光族改变自己最好的途径。

结语

　　我们生活在一个消费欲望随时都能得到满足的时代，合理的消费能让我们减少生活和工作上的压力。

　　而不合理的消费习惯，却只会让你在物质中迷失自我、无法掌控自己的人生。不要让这个不经意的坏习惯，导致你越来越穷。

越会赚钱的人，越喜欢将时间花在这三件事上

　　也许你也跟我一样，迷失在日常生活与工作的两点一线。想要去看更多的风景、去追求更广阔的天空，却有太多的梦因为穷而难以实现。

　　有人说："正在努力奋斗的人最可怕的地方就在于，他们过着比你好千百倍的生活，却还不满意自己的现况，然后依旧孜孜不倦地努力着。"

　　所有的财富都不是平白无故，每个人的穷也都有迹可循。越会赚钱的人，越喜欢将时间花在这三件事上。

01

越会赚钱的人，越喜欢将时间花在储蓄投资上。

刚毕业的那段日子，我觉得生活真是艰难。领着实习生的工资，租房押二付一，加上交通费、餐饮费，还有偶尔的交际费用，处处都要花钱。与我的捉襟见肘形成对比的是，毕业没多久，闺密晓菲已经用自己的钱买了一辆车。

我很不解：同样是刚毕业，同样没找父母要一分钱，为什么差距会这么大？后来从聊天中我才得知：早在上大学的时候，晓菲就已经有意识地开始积累本金并投资。她和舍友开了个微店，每天在校园里发名片、在各种校友群里打广告。

冬天，很多同学都不想离开被窝买早餐，她们就提供早餐送货上门的服务。夏天，很多女生减肥只吃水果，她们就每天进十几种水果，在宿舍里做水果沙拉，同样送货上门。

晚上她都会去英语培训中心兼职，周末还接了两个待遇不错的家教。大学 4 年，她不但赚够了自己的生活费，每个月还有不少的钱用来投资理财，从未间断。

在时间的复利下，她所赚到的钱远远超过了我们这些同龄人。越会赚钱的人，越喜欢将时间花在储蓄投资上。很多人只知道用心读书、用心工作，然后将赚来的钱肆意消费，却不知道储蓄投资的重要性。

美国石油大王洛克菲勒说："终日只知努力工作的人，失去了赚钱的时间。"多少人满足于稳定的月薪，从不制订具体的收益、支出及投资计划表。他们习惯了月光，得过且过。

《富人的 28 个理财习惯》里有这样一段话："挣钱有时候就

像赛跑，要想参加赛跑，就得有赛跑的资格，比如需要鞋子、体力等。"而买鞋、积聚能量的过程实际上就是"储蓄"，向着目标前行的过程就是"投资"。努力工作，并将努力工作赚来的钱省着点花，又将省下的钱投资出去，如此循环往复，就能获得大成果。

和我一样没有早早储蓄的人，从现在开始储蓄投资也不晚，因为："种一棵树最好的时间是十年前，其次是现在。"

02

越会赚钱的人，越喜欢将时间花在读书学习上。

香港首富李嘉诚先生，一直保持着三个习惯：

①每天晚上回到家以后，看二十分钟英文电视，以此了解年轻一代；

②每晚睡觉前都要看书，涉及专业领域的书，再晦涩他也会仔细琢磨；

③不管晚上睡觉多晚，早上一定六点准时起床去打高尔夫球。

在一个一分钟的自我介绍短片中，他是这样描述自己的："我是李嘉诚，十二岁就开始做学徒，还不到十五岁就挑起了一家人的生活担子，再没有受到过正规的教育。

"当时自己非常清楚，只有努力工作和求取知识，才是我唯一的出路。

"我有一点钱都要买书，把这本书中的内容记在脑子里面才去换另外一本。

"时至今日，每一个晚上，我在睡觉之前还是一定得看书。"

知识并不决定你一生是否有财富，但是你的机会就更多了，你创造机会才是最好的途径。日本著名经济杂志《PRESIDENT》做过的读书调查指出：人们收入越高，读书时间越长。以年收入 500 万 ~900 万日元的人为例，阅读时间每天仅在五到三十分钟；而年收入 1500 万日元以上的人，每天平均阅读在三十分钟以上。

越会赚钱的人，越喜欢将时间花在读书学习上。就像《富人的 28 个习惯》中说的那样：

"想要在某一领域获得成功，就应该学习该领域成功人士的智慧和知识。

"一个人看问题有多少角度，他做事情就会有多少可能。

"一个人看问题有多深入，他的收益就会有多大。"

03

越会赚钱的人，越喜欢将时间花在提升自己的核心竞争力上。

作家孙圈圈曾经遇到过一位差点让她跪下的出租车司机。上车后，她和司机闲聊得知：这位司机的生意经常好到来不及接客人，去机场、长途包车的熟客都喜欢找他。这勾起了孙圈圈的好奇心，于是开始探究：这辆车究竟跟别人的有什么不一样？

之后的路途中，她发现：座位前有个简易电脑桌，方便往返机场、长途包车的客人把电脑放在上面，稳定、舒服；车里有一股清新自然的香味，因为司机每天都会去买一小串白兰花挂在车内；车内有便携烧水壶，后备厢有个小冰箱，里面啤酒饮料一应俱全……

孙圈圈感慨不已，但是这些还没结束。等红灯的时候，司机突然从副驾驶座下拿出一个包，里面装着一套茶具。司机说，等到收费站休息的时候，可以给她泡茶，普洱、铁观音、乌龙、金骏眉，想喝什么都有。不光如此，车内还有电源插座，可以给电脑充电；有日本产的晕车药、风油精、呕吐袋、免费WiFi……

正是这样贴心到极致的服务，让这位司机师傅每个月赚的钱是一般出租车司机的 2 ~ 3 倍，但工作时间只有正常司机的60% ~ 70%。

越会赚钱的人，越喜欢将时间花在提升自己的核心竞争力上。核心竞争力，就是让你自己与其他人区分开来的能力，也就是你的不可替代性。

白岩松说过这样一句话："一个人的价值、社会地位，是与他的不可替代性成正比的。"职业生涯中，一个人应该首先明白自己的定位和优势。如果你没有掌握一项别人不可替代的能力，很容易惨遭社会淘汰。

亚当说："会赚钱的人，即使身无分文，也还有自身这个资产。"很多人在上班之后，就放弃了提升自己、习惯性地故步自封。扪心自问：你是否将赚钱当作自己的目标，却不想为此付出任何努力。

结语

这个世界很残酷，努力不一定有结果，但是不努力一定没结果。人生，从来不怕大器晚成，怕的是一生平庸。希望年轻的我们，都能尽力而为，不要仅仅满足于现状。

因为，我们都配得上更好的生活。

三十岁之前，请逼自己成为这种人

知乎上有这样一个问题：二十五岁，开始害怕三十岁还碌碌无为，却不知道如何前进，该怎么办？

我们都害怕平庸，害怕堕落，害怕自己变成最讨厌的那类油腻中年人。每天腆着啤酒肚，眼神浑浊，被岁月轻易磨平了棱角、浇凉了热血。有人说：不要在你三十岁时，做一个只会玩手机的胖子。

三十岁前，如果厌倦了平庸和无趣，请逼自己成为不一样的人。

01. 成为一个珍惜时间的人

作家胡晴舫提到过这样一件事：

因为痛恨塞车，越来越多的有钱人喜欢搭乘地铁。她认识一位香港地产大亨，搭地铁搭出了心得来。他仔细计算过，车门打开时应该站在哪扇门前，坐哪节车厢。这样当列车抵达他的目的地时，那节车厢的那扇门会正好对着方向往上的手扶梯。如此一来，他便能赶在其他乘客蜂拥而出之前率先奔上手扶梯，节省"起码五秒钟"。

胡晴舫感叹：这个世上，有些人成功不是没有道理的。他们喜欢节省、利用一切碎片时间，来实现利益最大化，而不是让时间白白流失。

这让我想起了演员韩雪。看综艺《声临其境》，被她圈了粉。她给《海绵宝宝》配音，一口流利又标准的英语，让现场所有人都惊艳不已。她给《头脑特工队》配音，一个人分饰八个角色，男声女声无缝衔接，每一种声音都极具辨识度。她还上过 TED 演讲的舞台，全程英语脱稿演讲，气场强大，思路清晰。

而她学习英语，正是利用一切碎片时间。大概从三年前开始，为了学英文，她每天都会挤出两到四个小时。即使收工已经半夜，或者当天身体状态不好，她都不会允许自己找借口。印小天曾经在节目上说过："别人休息时都是打游戏、刷手机，只有韩雪一个人坐在那儿戴着耳机听英语。"

她删掉了手机游戏，戒掉不必要的网络社交，把零碎的时间拼起来，总算凑够学习所需的时间。她说，三十岁的时候，我突然觉得学习的时间不够。我要做一些什么把时间都利用起来，让自己去增值。

三十岁前，请逼自己成为一个珍惜时间的人。

有这样一个词，叫"红桃皇后定律"。它指的是：在这个国度，只有不停奔跑，才能让你保持在原地。如果你要抵达另一个地方，你必须以双倍于现在的速度奔跑。只有掌控好时间的人，才能掌控自己的人生。

02. 成为一个有趣的人

之前，有个话题特别火，叫：香蕉和枣在一块吃，到底会不会恶心。很多人出于好奇去尝试了一下，据说看见了人生的走马灯。

而清华大学的一个理工男，居然对此做出了系统的研究：香蕉分为熟透的香蕉和半熟的香蕉，枣又分为冬枣和红枣，那么按照不同的蕉枣配比，会出现哪些不同效果；应该是先吃香蕉后吃枣，还是先吃枣后吃香蕉，还是两个东西一块吃。最后他得出结论：先吃熟香蕉，后吃冬枣，最后在蕉枣比为二比一的体积的时候，可以吃到一种死苍蝇的味道。

这名理工男叫毕啸天，2018 年参加了《奇葩大会》的演讲，并获得了 97 票，刷新了现场获赞纪录。

毕啸天真的是一个很有趣的人，他总是喜欢用理科生的思维去观察世间的万事万物。他嫌刷牙麻烦，电动牙刷又太贵，就将手机绑在牙刷上震动刷牙。他不喜欢洗袜子，室友又不允许他将袜子丢进洗衣机，他就尝试着自己造自动洗袜机：从电风扇到打蛋器，再到地摊上买的发条玩具……他研究天冷了应该怎样科学保暖，用各种方程去解，最后得出结论：秋衣外穿，才是最保暖的。

有人问他：你搞这些乱七八糟的研究挺有意思，但究竟有什么用呢？他说："生活当中，有趣和好奇心是为了取悦自己，有意思和有用是为了取悦别人。"

不少人的思维方式趋向功利，他们只考虑利弊，而放弃了生活的趣味。而有趣的人，才能真正感受人生、享受生活。

三十岁前，请逼自己成为一个有趣的人。哈佛大学曾有一项研究发现：与摄入过多垃圾食品和含糖饮料一样，"无趣的生活"会导致细胞损伤，加速人体老化，进而缩短寿命。

变得有趣，其实并不难。就像《其实你也可以很有趣》中所说：

"走出你的舒适区，去感受、去接触奇迹发生的地方，感受尴尬、感受嘲笑、感受冒险。"接触奇怪的事情或情境，接触狂野的想法，接触让你哆嗦的事情，接触奇怪的景色、全新的声音。相信我，会很有意思的。

03. 成为一个自律的人

朋友圈里有一个宝妈，从 140 斤减到了 100 斤左右。看着她在朋友圈里发出照片中的马甲线和隐隐约约的腹肌，不禁对她的意志力肃然起敬。

之前她刚生完小孩的时候，体重飘到了 140 斤。有一次和她去咖啡馆，她端着两杯拿铁朝我走来，坐下的瞬间，我听见"刺啦"一声。她尴尬得涨红了脸，我才发现她的牛仔裤大腿内侧竟脱线裂开了。我连忙把外套脱下来让她盖上，她像是下定决心般地对我说："不能再这样下去了，我要减肥。"

从那天起，她开始研究减肥食谱和健身方式，戒掉了高热量的油炸食品。每天晚上九点雷打不动在家跳郑多燕减肥操，就算是当天再忙也要挤出时间来运动。碰到聚餐的情况，她会尽可能地多吃些青菜，油腻的菜也会在开水里涮一下再吃。

瘦下来的她，整个人都轻盈了许多，看上去也年轻了至少五岁。更重要的是，她比之前更加爱自己，不会再每天陷入自怨自艾的情绪中。

就像罗斯福所说："有了自律能力，没有什么事情是你做不到的。"克制会让欲望变得简单，会让自己更加专注地去生活，更加享受每一次身处其中的过程。

三十岁前，请逼自己成为一个自律的人。有多少人看到别人的减肥成果心生羡慕，却无法控制自己伸向零食的手；想像别人一样知识渊博、说话时引经据典，却连看完一本名著的耐心都没有；报了许多在线课程，却总是被游戏和娱乐新闻占据了所有的空闲时间。

当一个人缺乏自律的时候，他做的事情永远受到即时诱惑的影响，永远也不可能去做内心真正渴望的事情。陈道明曾经说过："做人的最高意境是节制，而不是释放。"只有自律，才能让你活得更高级。

结语

三十岁前，请逼着自己成为更好的人。

希望你能见识到令你惊奇的事物，能体验未曾有过的情感；

希望你能遇见一些想法不同的人，为自己的人生感到骄傲。

希望你活得充实、有趣又足够自律。

愿你走出半生，归来仍是少年。

层次越低的人，越喜欢拖延

你是否也和我一样：

羡慕别人身材好，却放不下手中的高卡路里零食，将减肥大计一拖再拖。

　　向往别人看过的风景，却抱着手机在家宅过一个又一个的周末。

　　怨恨机会不垂青于你，却忽视了自己的拖延散漫。

　　别把窘境迁怒于命运或别人，唯一可以抱怨的，只是不够努力的自己。

01

　　在豆瓣上有一个叫"我们都是拖延症"的小组，成员数已经达到十四万。成员们用文字宣泄着拖延带给他们的痛苦、悲伤、忏悔、无助以及绝望："拖延症晚期，我快疯了""后天就要交报告了，怎么办，还没做完"，有的则通过打卡表达自己想要战胜拖延症的决心，"打卡，病入膏肓者的自救"。

　　《拖延心理学》里有这样一句话："拖延就像蒲公英。你把它拔掉，以为它不会再长出来了，但是实际上它的根埋藏得很深，很快又长出来了。"

　　你是否也有过这样的经历：

　　你正端坐在桌前写一份明天要交的工作报告或者论文，手机突然收到微博提醒，于是你解锁并读了起来。发现没什么重要的，顺便再刷个朋友圈好了，看看别人有没有什么新动态。一张一张照片点开，该点赞的点赞。刷了一会儿刚好看到一篇有趣的文章，就又津津有味地看了起来。等你做完这一切，瞥了眼时间，发现自己已经在这些毫无意义的事情上浪费了一个小时，而报告还停留在开头迟迟没有进展。

在这个大屏智能手机时代，信息化社会，你放不下手机，甚至连上厕所都要一起带进去。从一个社交软件到另一个社交软件，一个网页到另一个网页，时间碎片化、深度阅读与思考缺失，你只是无意义地刷屏，甚至忘记了自己最初拿起手机的目的。

我们都因拖延而焦虑，却又在焦虑中拖延。"明明知道那么多事情堆在眼前：摊开的文件、散乱的衣橱或者只是一个该打的电话、一封该发出去的邮件，还有自己焦急不安的小心脏，可我还是边咬着手指甲边想，再等一会儿，就一下下……"

"我每天都很焦虑，惦记着要做的事，然后却不停地玩手机到半夜，怎么办？"

而拖延的后果，可能将你置于无限的焦虑中，并且错过让自己可以成长的机会，让订下的计划成为泡影。

02

你为什么会拖延？每一种行为的背后，都隐藏着深刻的心理根源，也只有了解这些根源之后，才能控制拖延行为的发生。

在我看来，拖延症最根本的原因有两种：

①我们都是完美主义者，希望能做好，却害怕失败，所以迟迟不肯迈出第一步

就像最近，我在写一篇文章之前，总是迟迟无法下笔。每当想到一个新的点子，我立即会开始自我否定：这种情节会不会太过俗套？这样的开头是不会有人看下去的。因此大脑下意识

地想要逃避完成手中的任务，而选择刷微博、跟别人聊天来分散压力。

太过在意别人的看法，让我在自我批判中度过了一个下午，到最后什么都没能写出来。心理学家尼尔·弗瓦尔说："人们拖沓的主要原因是恐惧。"我们总是担心被他人评判或者自我评判，害怕自己的不足被发现，害怕付出最大的努力还是做得不够好，害怕达不到要求。

②拖延源于厌恶和憎恨

如果我们讨厌某个人、某件事，可能对于这个人和这件事消极怠工，作为另类反抗的一种形式。拖延其实是隐藏在我们人类身体内的一种本性，但是对于拖延的对象我们也是有选择的。就像吃货在美食面前，任何时候都不会拒绝；粉丝在面对偶像时，追剧投票打榜比做其他事都积极；宅男面对游戏和动漫，就算连续盯着屏幕数十个小时都不会厌倦。

而学习新的知识、进行一项有挑战的工作，这类任务会让我们大脑的某个部分发出疼痛的信号，你会不由自主地想将任务滞后，选择"待会儿再说"。

03

历史上曾留下许多名人与拖延症作战的轶事。

写下《巴黎圣母院》《悲惨世界》等著作的雨果，写作的时候经常不穿衣服。他让他的管家把衣服都藏起来，这样他在写作的时候就无法外出了。

而胡适则通过记日记的形式。

《胡适留学日记》里有这样的记载，大意如下：

…………

7 月 4 日

新开这本日记，也为了督促自己下个学期多下些苦功，先要读完手边的莎士比亚的《亨利八世》……

…………

7 月 13 日

打牌。

7 月 14 日

打牌。

7 月 15 日

打牌。

7 月 16 日

胡适之啊胡适之！你怎么能如此堕落！先前订下的学习计划你都忘了吗？

子曰："吾日三省吾身。"……不能再这样下去了！

7 月 17 日

打牌。

7 月 18 日

打牌。

那么，深受拖延困扰的你，该如何做呢？

①创造工作学习良好的环境氛围

在做一项重要任务的时候，找一个可以让你静下心来、集中精神的工作区域。可以屏蔽掉诸如微信、QQ、短信等提示通知音，将手机移到视线外区域，清理干扰源，并逐步培养成习惯。

②**分解任务，立即行动**

将一项大的、复杂的任务分解成简单、具体的步骤，按照步骤来完成，并且记录进度，最好找人监督你的成果。相信我，每完成一个步骤并在纸上划掉的感觉真的非常棒，可以积累信心，实现自我肯定。

③**在取得进步时设置奖励机制，面对失败时定下适当的惩罚**

"今天又没能按时交稿。""今天又追剧到半夜三点。"当你一次又一次下定决心摆脱拖延症，却一次又一次以失败告终时，不要给自己逃避的借口，给自己定下惩罚。而当坚持到一定程度时，可以犒劳自己，让自己更有动力去战胜拖延。塞缪尔·约翰逊说："我们一直推迟我们知道最终无法逃避的事情，这样的蠢行是一个普通的人性弱点，它或多或少都盘踞在每个人的心灵之中。"

结语

逃避是可耻的，也并没有用，只有行动才是治疗拖延的最佳良药。人生最可悲的事，莫过于胸怀大志却虚度光阴；觉得自己不够聪明，又习惯消极拖延；对自己不够满意，但又自我安慰今天好好玩明天再努力。

既然知道路远，何不现在就开始改变？

为什么叫你不要过度自律

你是否和我一样，明知油炸食品和甜食有害健康，却无法控制住自己的欲望。

想要做到早睡早起，却仍旧每晚躺在床上刷手机刷到凌晨，第二天早上困到无法集中注意力。

刚办了健身房的卡，下了班却只想回家躺在沙发上瘫着不动。

常常对自己感到失望：如果我意志力足够坚定，能够做到高度自律，现在的我肯定过着不一样的人生。

不自律的生活必定是痛苦的，然而，你是否知道，过度自律会让你更加痛苦？

01

鱼眼睛是我的大学同学。有段时间，她为了准备全省的英语竞赛，将每天的时间表安排得十分紧凑。

每天清晨和每天凌晨，我们都会看到她在宿舍楼梯口处，一脸苦大仇深背英语的样子。

她说，她原本给自己定的目标是每天背一百个新单词，加五篇的英语短文。但实际上，由于记忆力有限，她每天最多只能背下五十个单词。

因为进度太滞后，她觉得备受打击，也因此熬夜熬得更厉害，每天早上在课堂上都是浑浑噩噩的样子，要靠着拼命掐自己胳膊才能勉强不睡着。

有一次上课，大家都在全神贯注看着黑板的时候，突然听到教室后排传来一声巨响。我回过头去，看见鱼眼睛正一脸尴尬地揉着额头上的红印。原来她刚才在打瞌睡，困得失去意识，头部猛撞到了桌面。

就在我们都以为，鱼眼睛的努力会有所回报，她必定会在英语竞赛上获得好名次的时候，鱼眼睛却做出了一个让所有人都意想不到的决定：她放弃了参赛资格。

那一天，我们几个女生陪着鱼眼睛去食堂，看着她崩溃大哭啃着炸鸡腿的样子。她说："我是真的很累了，每天都困得要命，却每晚每晚地失眠。刚背的单词转眼就忘，我无论花再多时间都没用，真的拼不过别人。"

其实，大多数人的意志力都很薄弱，因为自律只是一时的行为，而失控却是生活的常态。于是，为了能够自律，很多人把自己弄得筋疲力尽。这样的方法不仅毫无效果，反而会适得其反，甚至导致崩溃。

自律需要大量的能量。每个人的自控力就像肌肉一样有限，它被使用之后会渐渐疲惫。如果你不让肌肉休息，你就会完全失去力量，就像运动员把自己逼到筋疲力尽一样。每次使用自控力都会有消耗，任何给你的身心带来压力的东西，都有可能摧毁你的意志力。

02

相信很多女生都尝试过减肥，我也不例外。我曾经尝试过一种叫作过午不食的减肥方法，过了下午一点之后，不再吃任何东西。前几天，我都坚持得很好。虽然晚上经常会饿到睡不着，但一想到瘦下来后能把自己塞进 S 号的裙子里，我就热血沸腾。

到第四天的时候，我有点坚持不住了。我开始在午餐时间吃下大量的食物。吃完正餐，一想到接下来的时间都不能吃东西了，我就控制不住，赶在下午一点之前将各种零食往嘴里塞，直到胃涨得难受，甚至想吐为止。

第七天的晚上，我彻底破功了。我被一包薯片馋到受不了，打破了自己过午不食的誓言。刚开始我只想吃几片而已，等我回过神来，发现自己连油腻的空包装袋底部的小碎渣都舔得一干二净。

为什么自律会这么难？因为我一开始就给自己定了一个过高的目标，这个目标让我时刻处于压力环境下。当我们感到情绪低落、感到压力巨大时，大脑更容易受到诱惑。对我来说，那高脂肪、高糖分的"安慰"食物，比什么都能缓解我的压力，却也因此，摧毁了我的自控力。

饮食研究人员珍妮特·波利维发现，很多节食者会为了自己的失误，比如多吃了一块披萨或一口蛋糕，而感到情绪低落。他们会觉得，自己的整个节食计划都落空了，因此抱着破罐子破摔的心态，将整盒的披萨或蛋糕都吃光。

在自律这件事情上，任何挫折都会引起这种恶性循环。你可能只因多喝了一杯酒、多玩了一局游戏，或者晚起了十分钟，就会陷入无限的自责中，为了安抚这种情绪，你会倾向于喝更多的酒、玩更多局游戏、干脆赖在床上不起来。导致更多堕落的行为并不是第一次的放弃，而是第一次放弃之后产生的羞耻感、罪恶感、失控感和绝望感。

当你过度自律，却无法遵守时，你会责备自己屈服于诱惑，因此对自己失望、陷入更深的痛苦之中。

03

看过了太多的励志故事，我们都知道只有自律才能获得自由。但是过度自律却容易引起适得其反的效果。每个人的意志力都是有限的，一旦你将它消耗殆尽，你在诱惑面前就会毫无防备。

想要正确地学会自律，我们应该怎么做？

①降低自律成本

想要自律，就必须降低自律的成本，不再过分苛求自己。

如果你想改变旧习惯，最好先找一种简单的方法来训练自控力、提高意志力，而不是设定一个过高的目标。

比如，过午不食对我来说就是一个过高的目标。后来，我学会了将晚餐里蔬菜和蛋白质的比重提高，碳水化合物的比重降低，减肥对我来说，就不再是一件特别艰难痛苦的事。

我们要像聪明的运动员那样去训练，去提升自己的极限，一步一个脚印地去做。

②适当放松

如果每天都将自己的时间表安排得滴水不漏、每时每刻都像陀螺一般不停转动，压力迟早会将人给压垮。《自控力》里说过，压力是意志力的死敌，没有什么比压力更消耗意志力的了。

如果大脑长期处于压力水平很高的状态，人很容易陷入神经衰弱、抑郁，甚至导致失眠。过度压抑自己的欲望是没有必要的，适当的放松和休息可以引导释放压力。

③提高享乐成本

以前，我经常将手机放在床头充电，睡前习惯看一集综艺，有时候会看到半夜 2 点，导致第二天精神萎靡不振。后来我戒掉了这个习惯，将手机放在远离床边的地方充电。我如果睡前还想刷手机，就不得不从被窝里爬起来。

同样，在家里看书写作，会忍不住被其他电子产品分散了注意力。但如果去人多的图书馆，有他人在场的情况下，会不好意思一直将手机拿出来，提高了享乐成本。

别放纵自己，也别苛求自己，我希望的自律是能给你带来成就感和满足感，而不是让你步履维艰、充满疲惫。愿你我都能学会正确地自律，获得更有效的提升。

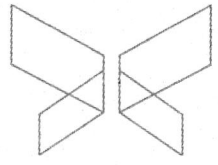

6

做自己生活的主人

买一张柔软舒适的床，遵循早睡早起的生物钟；
养几株充满生命力的盆栽，将房间布置得整洁干净；
冰箱里塞满水果与蔬菜，每天为自己做一顿营养又健康的早餐；
坚持锻炼身体，拒绝消极的情绪，学会将元气满满的微笑挂在嘴边。

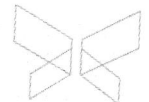

你对待生活的态度，暴露了你的层次

01

刷朋友圈的时候，无意中刷到老同学发出的一张图。图上是她刚租的小房间，从墙壁到地板，都被她细心地改造过。

原木地板上铺着纯白色的地毯、置物架上摆满了郁郁葱葱的绿色植物，床边还有一盏暖色调的落地灯。二十平方米不到的空间，竟被她布置出日式观景酒店般的格调。

底下有很多点赞的，也有替她惋惜的：

"又不是自己的房子，花钱装修不觉得亏吗？"

"要是我就不肯这样，万一房东突然毁约，要把房子收回去，那岂不是白费功夫了。"

她只是淡淡地回复了一句："房子是租来的，生活不是。"

我反复看着那张照片，从心底里羡慕起她的讲究和精致。快节奏的现代生活容易让人终日忙碌，丧失自己。房间对我们来说只是睡觉的地方，吃饭变成了固定不变的外卖套餐。习惯性地嘲笑那些在朋友圈里晒大餐、晒旅行照片的人，对自己一成不变、晦暗无光的人生心安理得。

我们就这样输给了眼前的苟且，还否定了别人的诗和远方。

02

那是我来到这座城市的第五年。下班后随着拥挤的人潮涌上公交，木然地盯着手机屏幕。周围的人打电话、聊天，混杂着小孩的哭声，各种噪音不断拉扯着我的神经。疲惫到不行的身体和心都在叫嚣着休息，渴望好好地坐下来，吃上一顿热腾腾的饭菜。

就在那个时候，我刷到了微博上一个叫"野食小哥"的博主发的视频。我看到他为了做一顿好吃的面，翻山越岭去挖笋和野菜，大费周章地把面煮好后，一脸满足地大快朵颐。不知道为什么，简单的一段美食视频竟戳到了我的泪点。

我都忘了自己有多久，没有那么单纯地、执着地，为了自己喜欢的事情全力以赴了。平时一个人吃饭的时候，不是随便吃点面包和方便面，就是点个外卖。每天凑合地将三餐对付过去，不讲究营养搭配，无所谓味道如何。

比起生活，更像是生存。

现在的我们，越来越习惯凑合和将就。拿工作忙当借口，吃着油腻的快餐、放弃健身和阅读，每天顶着黑眼圈浑浑噩噩地度过。

"随便吃点吧。做菜洗碗什么的太麻烦了。""房间太乱？将就过着吧。反正有地方睡觉就行。"……永无止境的妥协和让步，让凑合与将就变成了生活的一种常态。

生活被暴露出最粗糙的一面，毫无幸福感可言。扪心自问：这真的是我们想要的生活吗？

03

生活中从来不缺乏美好。在热爱生活的人的眼里，琐碎的生活日常都能精致得如诗如画。

我很喜欢美国的一位摄影师 Susan Licht，在她的镜头下，一花一木、一桌一椅，所有再普通不过的事物都带上了一种温度。她只是一位老教师，退休后，通过摄影又重拾了对生活的热爱与向往。

她说："尽管再黑暗的日子，仍然可以找到美丽。捕捉生命中的美丽画面已经成为我最喜欢的疗伤方式。"一个人过得有多讲究，她就会有多幸福。

真正的精致，其实与金钱无关，是一种态度。有人在忙忙碌碌的生活中苟且，有人却将日子过得活色生香。那些永远保持对生活的热忱的人，总是能让自己变得更加美好。

日本老牌杂志《生活手帖》总编辑、畅销书作家松浦弥太郎，被评为"全日本最懂生活的男人"。十八岁高中辍学，四十一岁第一次就业，这样的经历在很多人看来，充满了一种失败感。却也正因为这样的经历，让他比常人更懂得如何生活。

他每天五点起床跑步，七点进公司，下午五点半一定会结束工作。他不但这样要求自己，也规定他的员工每天下午五点半都要下班，周末也不允许加班。他希望员工能够好好安排自己的时间，去寻找美食、见见朋友，发现生活的乐趣。

因为他相信，只有用心生活，才会有所发现，写出那些让人感动的事情。我想，这也是松浦的每本书都能畅销、备受追捧的原因吧。用心生活的人，确实存在着与众不同的人格魅力。

一个人专注于寻找生活中的美好、讲究生活情趣的过程，也就是提升自己、重塑身心的过程。

04

层次越高的人，越不喜欢将就。你越是将就，人生就越是不讲究。你可以为自己的随便与将就找到一百种借口，但生活是自己的，最害怕的是你碌碌无为，还安慰自己平凡可贵。

学会培养生活的情趣，可以从简单的小事开始：买一张柔软舒适的床，遵循早睡早起的生物钟；养几株充满生命力的盆栽，将房间布置得整洁干净；冰箱里塞满水果与蔬菜，每天为自己做一顿营养又健康的早餐；坚持锻炼身体，拒绝消极的情绪，学会将元气满满的微笑挂在嘴边。

生活会用平淡消磨掉我们的热情，唯有懂得为自己的生活增添乐趣，才能对未来充满希望。

结语

我喜欢林语堂在《人生不过如此》里写的一句话："我们最重要的不是去计较真与伪，得与失，名与利，贵与贱，贫与富，而是如何好好地快乐度日，并从中发现生活的诗意。"

以此共勉。

不爱计较的人，活得到底有多赚

01

看过年糕妈妈写的一篇文章：

在自助餐厅里，一对父母带着一老一小用餐。小孩差不多五岁的样子，自己往盘子里夹了一些白切鸡、排骨等菜。小孩的妈妈看到了，立刻开始教育他："你傻呀？这么贵的自助，还吃家里天天都能吃到的，快去多拿些三文鱼、大虾，不然就亏了嘞。"

奶奶听了觉得很有道理，就把小孩的盘子给清空了，拿去装了满满一盘的"高级货"。看着小孩和奶奶皱着眉头，努力往嘴里塞"高级货"的样子，周围的人都憋到内伤。想必这顿饭，小孩和老人都吃得甚是勉强。

这让我想起了自己身上也曾发生过的事情：之前和男友去泰国旅行，在导游的半强制要求下，一人花了三百元吃所谓的水果大餐。当男友从果盘里拿起一片西瓜时，我马上把他手里的西瓜打掉了："你是不是傻啊？西瓜那么便宜，吃几块就饱了，我们的钱就打水漂了啊。"

接着，我将一整盘榴梿放到他面前，示意他赶紧先挑贵的吃。男友极不情愿地尝了一口榴梿，随后竟跑到水池里吐了半天。我有点后悔，我知道男友平时很怕榴梿的味道，但为了所谓的"划算"，我竟逼着他吃讨厌的食物。

把这两件事放在一起一看，突然觉得，我们是不是活得太计较了？我们衡量一件事的价值，考虑最多的不是自己喜不喜欢，而是划不划算。心里时时刻刻都在盘算着：要怎样才能不吃亏，要怎么才能获得更大的利益。

因此，我们为一分一毛钱计较，为偶尔的小挫折计较，为一句无心的话计较，为自己的付出究竟能获得多少回报而计较……

在这不停地计较得失中，我们忘了自己的初衷，忘了真正重要的事情。当一个人的注意力被计较和算计所占据，他的格局只会越来越小。

02

前几天看了一部电影，叫《28岁未成年》。当霍建华饰演的男主茅亮向一位卖猪肉的大叔买回原属于他的 iPad 时，由于没带够钱，向大叔求情，让对方算便宜点。

卖猪肉的大叔想了一会，答应了，随后却在 iPad 上砍了一刀，说这回值这个价了。这样斤斤计较的人，实在不能说他有格局。

我们经常用"格局"来评判一个人。格局大的人，你会感觉他身上有宏大的气场，有广阔的眼界，有不俗的涵养。相反，格局小的人，只对眼前的蝇头小利感兴趣，凡事斤斤计较，内涵让人一望到底。

心若计较，处处都有怨言；心若放宽，时时都是春天。

美国的心理学家威廉曾是一个爱计较得失的人。他知道华盛顿哪家店里的袜子最便宜，哪家店里的蛋糕经常做促销，甚至知道哪家快餐店会比其他快餐店多给顾客一张餐巾纸。但是，这种算计并没有给他带来多少快乐，相反，太过于计较的性格让他疾病缠身。

三十二岁的他，在病痛的折磨中恍然醒悟，并且开始了关于"能算计者"的研究，在大量的事实论据下，得出了这样的一个结论：凡是太爱计较、太能算计的人，实际上都是很不幸的人，甚至是多病和短命的。

每天沉溺于计较得失中无法自拔，习惯看眼前而不顾长远。当一个人习惯于对每件事都斤斤计较，将太多的算计埋藏于心，长久以往会愈加忧患，毫无快乐可言。

有人说：你在乎的、计较的，往往能反映出你的水平。格局越大、层次越高的人，反而计较得越少。

03

2006 年，胡歌在从横店片场赶往上海的途中遭遇车祸，右眼重伤，助手张冕抢救无效身亡。此后，胡歌四天内经历了两次全身麻醉的手术，脸和脖子加起来缝了一百多针。这种遭遇，对一个人、一个正在拍戏的演员来说是多大的打击。

这起事故，与助理兼司机小凯的疲劳驾驶有很大的关系。面对惴惴不安的小凯，很多人都不肯原谅他，让胡歌起诉他。而胡歌非但没有这样做，还安慰他，让他继续担任自己的助理。

很多人不理解胡歌的做法，胡歌说："全世界都可以怪他，我不能。如果我不原谅他，他这辈子就完了。"

在自己最痛苦的时刻，胡歌想的不是怎样惩罚给自己带来痛苦的人，以解心头之怨，而是想到对方的心情也是一样的沉重。他将自己的痛苦放在一边，反过来开导和劝慰对方。

不爱计较的人，拥有豁达的胸襟与气度，遇事不纠结、不急躁。看似这样的人很容易吃亏，但往往能比别人活得更心安、赢得更多的尊重。诗人纪伯伦曾说过：一个伟大的人有两颗心，一颗心流血，一颗心宽容。

以恕己之心恕人，不耿耿于怀，不锱铢必较，这是一种格局，更是一种人生的智慧。

04

《阿甘正传》中有一段话，令我铭记至今："我不觉得人的心智成熟是越来越宽容涵盖，什么都可以接受。相反，我觉得那应该是一个逐渐剔除的过程，知道自己最重要的是什么，知道不重要的东西是什么。而后，做一个简单的人。"

平凡的小人物阿甘，在无意中获得了巨大的名利与财富。他所做的，只是认真地去对待每一件事，不计较得失，眼中只有向前奔跑，还有身边真正在乎的人。

相比之下，我们是否活得太计较了呢？为自助餐吃不回本而计较、为别人一句无心的话语而计较、为自己在工作上的付出得不到相应的回报而计较……

正是这种计较得失的心理，为我们的生活带来了数不尽的烦恼。生活原本没有痛苦，当你开始计较得失、贪求更多不属于自己的事物时，痛苦便来缠身了。

结语

"处处绿杨堪系马，家家门底透长安。"格局大的人，不因一时的得志而故步自封，不因一时的失意而一蹶不振。不计较本身就是一种潇洒，人生本来就重在体验。愿你我能在看过风景之后，不计较、不比较，心存淡然。

月薪多少钱，才能给你想要的安全感

01

曾经在微博上看到一个故事，觉得特别心酸：

两个三十几岁的女人去餐厅吃皮蛋瘦肉粥，为了粥里没肉和老板争执了起来。老板说瘦肉已经煮化了。

"怎么就这碗化了？十二块钱这么一碗你还偷工减料好不好意思啊！"其中一个妇女越说越激动，竟哭了起来。

那个年纪大的递给哭的那位纸巾，劝她：一碗粥而已，不至于的。

她抹着眼泪说："我不是哭这个。我难过的是，我已经三十多岁了，还因为一碗粥跟别人斤斤计较。这根本不是我想要的人生啊。"

我们可能都有过这样莫名崩溃的时刻。也许是加班到深夜，回到家里万籁俱寂，只能自己煮一碗泡面下肚时；也许是下雨天，等了很久的公交迟迟不来，而打车软件上显示着"需要加价1.5倍"的字样时；也许是父母打电话给你，絮絮叨叨一些家长里短，而你才想起，自己为了工作，已经很久没能回家时。

情绪太多，出口太少。于是，终于在眼泪中爆发：这根本不是我想要的人生啊。

王小波说过这样一句话："人的一切痛苦，本质上都是对自己无能的愤怒。"曾经笃定地坚信自己并不平凡，肯定能在不久的将来赚到足够的钱，让自己过上想要的生活。

然而现实残酷，你变成了那个为了三五万一平方米的房价奋斗终生的小白领，她变成了那个为了粥里没肉而斤斤计较的大龄女青年。

02

网上流传过一份《全国各城市安全感工资标准》。你的月薪，是否让你感到安全呢？

我大学时的朋友晓峰，曾经是个对钱有点迟钝的人。虽然工资不算高，但他总觉得自己还年轻，不必太过苛求。今朝有酒今朝醉，人不风流枉少年。每天晚上总喜欢约着哥们一起喝酒撸串，假期里将为数不多的存款在旅游上挥霍殆尽。

直到他父亲生了一场病，彻底打乱了他的生活节奏。除去医保，手术费、医药费还有各项杂七杂八的费用总共自掏了十多万。他跟我说，当时站在医院的走廊里，收到护士递给他的催款单和病危通知书，觉得天都要塌了。

"后来呢？"我问。

"后来……"他苦笑着继续说下去，还好他的伯父支援他们家一笔钱，否则真的走投无路了。

看到躺在病床上、瘦得不成人样的父亲，他第一次意识到，哪有什么岁月静好、活在当下？父母已日渐衰老，而自己还没混出个名堂。他觉得自己太无能了。

自从那件事发生后，他变了很多。他不再满足于那份稳定的工作，下班开始花很多时间学习充电。他推掉了许多社交酒局，偶尔去外面吃饭都一定要网上找找有没有优惠券。他开始精打细算花出去的每一分钱，而不是像从前一样挥霍无度。他害怕生活中的不确定性，会直接让他人生中的多米诺骨牌直接崩塌。

人生中，每个人都要面对无可避免的灾难、疾病、意外，它们往往来势汹汹，不给你思考、缓冲的时间。理财大师查理·芒格曾经说过："走到人生的某一个阶段时，我决心要成为一个富有之人。这并不是因为爱钱的缘故，而是为了追求那种独立自主的感觉。"

有足够的钱，能让你抵抗更大的风险，给你相对的安全感。

03

这个时代，焦虑几乎成了一种惯性。

居高不下的房价、物价所带来的压力，让我们不敢停下来，享受岁月静好。没还完的房贷、孩子的教育经费、养老金，像三驾并行的马车，注定不停地碾压我们的人生。

那么，要怎样做才能提高自己的安全感？

①将安全感寄托在自己身上

很多人喜欢将安全感寄托在另一半身上，但人心易变，很多时候，将安全感寄托在自己身上才是不变的真理。

以前在《格言》上看过一句话："安全感这东西，有人能给你一滴，有人能给你一碗，但是能给你一个太平洋的只有你自己。"

最近在追一部很有意思的美剧，叫《了不起的麦瑟尔夫人》。女主米琪是一个永远在做计划的女孩，从不允许自己的人生出现任何失误。她精心为自己挑选了一个老公：英俊多金、聪明幽默，并将自己的人生寄托在他身上。

结婚后，为了永远在丈夫面前呈现出最好的一面，她每天都要等到丈夫睡着后，再偷偷跑去卸妆，涂上面膜。然后第二天清晨总是在闹钟响之前先于丈夫醒来，偷偷化好妆，再回到床上假装睡觉。每天坚持测腿围、胸围、腰围，坚持上瑜伽班来保持身材不变形。结婚四年，从没有一天松懈。

她美丽、聪明、精致又自律，觉得自己的生活堪称完美。直到有一天，丈夫边收拾行李边告诉她：他和秘书出轨了，要和她离婚。米琪觉得很疑惑：我这么聪明漂亮，还为你生了一对儿女，你却偏要选择一个连电动削笔刀都不会用的蠢女人？

丈夫离开了她之后，她才看清：这么久以来，原来自己被安逸蒙住了眼。精致又宽敞的公寓，是公公花钱买的，离婚后她只能搬回娘家。而没有工作、失去了爱人，在娘家还要时时受到父母管束的她，才真正开始自己的蜕变。她找到了最能发挥自己才华的事业，她完美逆袭的后半生，才正要开始。

在这瞬息万变的世界，你必须要拥有一技之长，才能确保在任何环境下都能生存。

而这种安全感，只有你自己可以给。

②学会理财

理财是一种生活习惯，更是一种对人生的态度。

我们都羡慕别人理财钱生钱，却有不少人工作多年始终攒不下多少钱。在我刚毕业的时候，就深得一位姐姐的言传身教。她告诉我，不管现在月薪多少，一定要拿出一部分强制储蓄。

理财的关键，无非就是"开源"和"节流"。对每个月的薪水做好计划，哪些地方需要支出，哪些地方需要节省，哪些地方可以用作投资。根据自己的实际情况，每个月把工资的1/4固定纳入储蓄计划。

一年下来，积少成多，也是一笔不小的资金。其实理财是一个日常积累、摸索实践的过程，无须太多的负担和压力。许多人借助理财规划，实现了自己的人生目标。而那种理财的意识和习惯，正是我们需要学习的。

③让自己变得更值钱

在抱怨自己月薪太低，没有安全感之前，先学着让自己值钱。成为一个值钱的人，拥有自己的核心竞争力，才是最佳的赚钱方式。

罗曼·罗兰说过一句话："人们常觉得准备的阶段是在浪费时间，只有当真正的机会来临，而自己没有能力把握的时候，才能觉悟到自己平时没有准备才是浪费了时间。"

从平日开始，学会让自己的每一分钟更值钱。工欲善其事，必先利其器。提高自己的专业知识和技能，加深学习与思辨的能力；提高人际交往水平，修炼个人的修养与魅力。你平时所积累的点点滴滴，都是在为自己增值，给自己的未来多一些选择。所以，不要拼命找快速致富的方法，静下心来充实、沉淀自己。

不断地投资自己，不断提高职场技能，才能给自己最大的安全感。

结语

朋友圈曾经流传着这样一段话：想来想去还是努力赚钱更靠谱。不然心情不好时，只能买两瓶啤酒一袋鸡爪子在路边嗷嗷地哭。努力赚钱的话，就能躺在幽美的山中温泉里敷面膜止不住眼泪。

就像毛姆在《人性的枷锁》中说的那样："人追求的当然不是财富，但必要有足以维持尊严的生活，使自己能够不受干扰地工作，能够慷慨，能够爽朗，能够独立。"我们追求经济独立，钱不是最终的目标，钱所带来的自由选择的权利才是。

愿我们不论何时何地，都能活出最有安全感的自己。

从明天起，做个"不好相处"的人

01

之前，和朋友一起跟团去泰国旅游。经过 3 个多小时的飞行终于抵达曼谷的机场后，我兴奋地发了条朋友圈。过了十分钟，我才意识到自己犯了个天大的错误。

"亲爱的，你去泰国了？帮我带个东西呗，不重的。"

"听说泰国免税店的化妆品卖得超便宜，帮我带一套可以吗？"

"如果有看到××牌子的××色号的口红，帮我买一支吧！我钱先转给你。"

发完朋友圈后，我的微信响个不停，平时不怎么联系的朋友，接二连三地发来求代购的消息。偏偏我最不擅长的就是拒绝别人，只好一一应承下来。短短的 6 天的行程，我花了大部分的时间东奔西走，排队帮别人买各种化妆品和特产。

回国那天，我的两个行李箱满满当当的都是帮别人带的东西，真正为自己买的则屈指可数。当我把所有代购的东西一一寄出，以为自己的任务圆满完成，意想不到的事情发生了：

叫我买××牌子的××色号口红的朋友，在微信上质问我："我要的不是这个色号啊？怎么回事？"

我一下急了起来："不可能啊，我不是还拍照发给你，跟你确认了两遍？"

她过了半晌才回复我："那可能是因为你拍过来的照片有色差吧。唉，算了，当我白买了一支吧，没事。"

我被噎得说不出话来。牺牲了自己的时间，在免税店里跑了无数个专柜才找到她要的那支口红，而且怕买错还反复跟她确认了，结果不但没有收到任何感谢，自己反倒成了理亏的一方。

叫我帮带青草药膏的朋友也发来了消息："我怎么感觉这个青草膏不是正品，百度上说正品的瓶盖上的树是空心的，你这个是实心的，你不会买到假货了吧？"

我无力去与她争辩，也总算知道了自己做了一件多么吃力不讨好的事情。如果我一开始就懂得拒绝，就不会白白牺牲了宝贵的旅游时间，还失去了朋友的信任。

很多人习惯去做一个体贴、顺从的人，却把握不好那个度，结果不知不觉把自己变成了别人眼中的老好人。身边的人有事没事都喜欢麻烦你，你来者不拒，然后遇到各种情况却总是让你先退让，而他们还对此习以为常甚至不以为然，结果就是事情都让你做了，亏也全让你吃了。

生活中，我们往往因为害怕失去别人，而不懂得拒绝。殊不知，不懂拒绝，毫无底线的妥协，会让自己失去更多。

02

我在一家教育咨询公司工作的时候，有一天办公室里新来了一个实习生，实习生一来就展现出满满的干劲：

每天早上第一个到办公室，开窗、拖地、烧水、分水果给大家吃；晚上又是最后一个走，擦办公桌、整理文件柜、关空调关窗；平时工作的时候，常常主动询问上司和同事有什么需要吩咐她做的。

同事们一开始都对她印象不错：来了个好相处的新人，态度又摆得这么谦虚，很好嘛。领导也把她的姿态看在眼里，开例会的时候在大家面前表扬了她几句，还逐渐分配她做一些额外的工作。

然而，时间久了，大家对她所做的感到习以为常。每天等着她端茶送水，并且习惯了将自己手头上费时间又无意义的工作塞给她做。实习生可能也开始觉得心气不顺，热情渐退，不再像以前那样主动，别说烧水拖地了，迟到都成了她的家常便饭。

有一次，办公室里最具资历的婷姐吩咐实习生去复印资料，实习生居然回了一句："我现在比较忙，您还是自己去复印吧。"

话音一落，整个办公室里的空气都变安静了。

结果可想而知，大家对她的印象急转直下，有意无意地开始疏远她。实习生也待不住了，实习期没过就辞职走人了。

其实，实习生正是陷入了自己无心之中设下的困局，一开始就给自己定下了"高期待、高标准"的起点，后面无法维持、逐渐懈怠，自然让人对她的印象大打折扣。更糟糕的是，大家会认为她一开始的殷勤极其虚伪，对其失去信任。

03

为什么出了力反倒不讨好？一开始就摆出好相处的姿态反而会让人对其渐渐失望，不被人放在眼里？

心理学上有个专业术语，叫"阿伦森效应"，指的是人们最喜欢那些对自己的喜爱、奖励、赞扬不断增加的人或物，最不喜欢那些不断减少的人或物。当有人找你帮忙，你次次都没有拒绝，为自己树立了一个"老好人"的形象，对方也习惯了你的好，变得习以为常、不再感激。

直到你不得已，拒绝了对方一次，又或者你帮对方做的事情出了点问题，那时他被激起的愤怒感与失望会盖过之前所有的好感，你所做的努力也将功亏一篑。

就像我，学不会拒绝，牺牲自己的时间帮人代购，却被朋友质疑、失去了朋友的信任。就像那个实习生，一开始用力过猛，希望给别人留下好印象，结果却虎头蛇尾，没办法坚持，比一开始就露出"懒"的本色更糟糕。

凡事要把握好度，过犹不及。你是否也常常不被别人放在眼里？一味地妥协、顺从、降低底线，以为能够以此换来别人的感激，对方却觉得理所当然？

我希望你从现在开始做个"不好相处"的人：

①摆出自己的原则和底线

过分的牺牲和忍让只会让身边的人越来越骄纵，带不来任何的感激之心。每个人都有自己的个性和原则，没有必要为了讨好别人而勉强自己去做不想做的事。

当别人触碰到了你的底线，该发脾气的时候发脾气，该拒绝则拒绝，该强硬就不要忍让。

别担心真实的自己会让某些人不开心，或者因此失去几个好朋友。要知道：你没有责任取悦所有人，真正的好朋友也不会把你当软柿子捏。

②先抑后扬，逐步增加别人对你的好感

阿伦森效应告诉我们，"先抑后扬"可以让别人对你的好感慢慢增加，而不是对你逐渐失望。

与人交往，不要一开始就对对方奴颜婢膝，用低姿态来一味满足对方的要求，而应该展示那个真实的、有缺点、有不足的自己。你得先把自己当回事，别人才会把你当回事。

你一开始就太好说话，什么事情都答应，什么东西都给，什么错误都原谅，对方对你的心理预期值就会处于过高的位置，无论你做什么对方都觉得理所应当。只有先抑后扬，对方才会感到惊喜。

结语

我们要怀有善良之心，但不能被"好相处"的标签所绑架。也许你所谓的好相处，在别人的眼里是好欺负。所以，别再压抑自己的个性、委曲求全了。坚持真实的自己，才能过上快意人生。

放弃你的沉没成本，别再用不分手相互折磨

英语里有句谚语"Don't cry over spilled milk"，中文翻译成"覆水难收"。

明明知道一段感情已经无法挽回，为什么你却宁愿痛也不选择离开？

难以割舍，仅仅是因为放不下"沉没成本"。

01

电影比想象中还要糟糕。我耐着性子看了一个小时，生硬的笑点，尴尬的对白，完全不知所云。转过头看朋友，他正百无聊赖地吃着爆米花，想必也是和我同样的感受。

我终于忍不住开口："走吧？电影这么无聊，不看了。"

"肯定不能走啊。这可是花钱买的电影票，现在走了岂不是浪费。"

想想他说的也有道理啊，于是我便继续忍受了一个小时的精神折磨。

其实，不论我选择继续看或者离开影院，买票的钱都不会再收回。我们宁愿多待上一个小时，看完自己不能接受的烂片，却不曾思考：这样自己不仅花了钱，还搭上了宝贵的时间。

人们在做决策的时候，往往会念念不忘先前的投入与付出，担心会因为新的决定而让付出付诸东流，于是犹豫良久之后不愿意改变现状，白白丢掉了很多机会。

学小提琴只是因为家里买了小提琴；结婚只是因为已经谈了太久的恋爱；不喜欢现在的工作却不选择辞职，只是因为这份工作已经干了很久。

我们为什么如此热衷于根据过去的投入，而不是未来的价值来做决定？经济学有个专门的术语来解释这种现象，叫作"沉没成本"。比如你花了2元买一杯汽水，喝了一口后发现这杯汽水相当难喝，正在考虑是否要扔掉。但是你的2元钱是不会收回来了，这个钱就可以称之为沉没成本。

你花了三年时间学习金融，却发现自己的兴趣以及擅长领域完全不在这方面。你不愿意换专业，因为："我已经花了三年的时间来学习这门学科，难道要我浪费这三年吗？"但是，你的三年时间也是无法回头的，这段时间也可以称之为沉没成本。

简而言之，所有已经发生不可收回的支出，比如时间、金钱、精力等，皆为沉没成本。

难以割舍，仅仅是因为自己已经付出了很多。你与沉没成本难舍难分，却忘记思考：该如何才能做出正确的选择？

02

在感情中，也有很多人常常被"沉没成本"牵制。

我的朋友芥末，已经深受感情困扰多年。他和小女友的爱恨纠葛，我们这些旁人看了都心累不已。大学毕业后，为了能早点让她过上她想要的生活，芥末选择了北上。异地恋有多心酸，芥末就有多坚定：要早点赚够钱回去娶她。

然而，小女友却无法承受距离带来的痛苦。爱情里所有的患得患失，所有的悲伤失望，都在异地恋里表现得淋漓尽致。她没有等到芥末回来帮她庆生，就迫不及待地出轨了。她一次又一次地欺骗他，却又每次在被发现的时候痛哭流涕，请求芥末的原谅。

芥末心里其实很明白，这段感情，早已经没有持续下去的意义。但是他红着眼睛对我说："我在这段感情里投入了那么多，我怎么可能放手。"

明知道她变了，身边的人都在劝你，离开她是最正确的选择。甚至你的理智也在告诉你，结束这段感情，你才能有未来。但是你却不甘心，你已经付出了那么多，无法承受血本无归。

沉没成本让你无法放手、无法释怀。这种心态和赌徒一样，输得越多，越拼命下注，最后落得个一穷二白被赶出赌场的结局。

03

"我们既然都已经走了这么远……""这本书我已经读了这么多页……""我已经砸了这么多钱在这个项目上……"

我们总是害怕损失，而忘记我们可以获得更多。如果能鼓起勇气，承受这些损失，我们便有机会将目光投向拥有无限可能的未来。

很多人以为，坚持就是胜利。然而却忘记，一心专注于脚下的路的时候，也需要时不时停下来思考，询问自己：真正想要的到底是什么，这条路是否真的能够通往我们想要到达的目的地。当确定自己走错路的时候，不要再纠结于过去，而是要果断放弃，避免做无效的努力。

一个成熟的人应该知道，你在做任何事情的时候都有沉没成本。有时候舍弃也是一种获得。希望你不要被已经成为过去的成本所束缚，连未来的美好时光都耽误了。

如果一个专业、一份工作或者一段恋情，已经确定不是你想要的，你该如何做？答案是：果断放弃。

结语

不要再用"我已经付出了那么多"这种理由来自欺欺人，你应该庆幸，自己的沉没成本就到此为止了，然后整理心绪，重新开始。

也许有一天，你会感谢之前果断舍弃的沉没成本，能让你成为更好的自己。

定期扔这三样东西，会让你活得更高级

1845 年，梭罗只身来到瓦尔登湖，只带了一把斧头，自己建了一间小木屋。独居了两年两个月零两天后，他悟出了这样一个道理：

"如果一个人，能满足于基本生活所需，便可以更从容、更充实地享受人生。"

苏轼，一生坎坷，宦海沉浮。被贬黄州时，一日与泗州友人共游南山。友人以蓼菜、新笋等野菜相待，苏轼尝后，不禁慨

叹："人间有味是清欢。"

在这个物欲横流的时代，每个人都渴望能拥有更多。然而，返璞归真，才能让自己清空杂念，过简单清爽的生活。从物质到精神，人生的每个维度都可以删繁就简。随着你定期扔掉不需要的东西，你会越来越清楚：什么才是你真正在乎的。

01. 放弃无用的社交

在网易云音乐里曾经看过这样一条戳心的评论：

到了一定年龄，必须扔掉四样东西：没意义的酒局，不爱你的人，看不起你的亲戚，虚情假意的朋友。

我曾遇到过这样一类人，总是将"人脉"二字挂在嘴边，最大的爱好就是炫耀自己有多少微信好友。刷朋友圈时总能看到：今天他又参加了哪些大咖的聚会，昨天又在 KTV 的某某包厢喝到不省人事……不管是什么酒局都能看到他的影子。

然而，所谓的人脉，不是集邮，并不是靠几次酒局就能建立起来的。更多时候，你会发现自己付出时间和精力去维护的，都是无用的社交。

你花尽心思想要从你认识的人中榨取利用价值，到头来也许会发现：人家根本没把你放在眼里。作家李尚龙说：如果你自己不强大，那些社交其实没有什么用。只有等价的交换，才能得到合理的帮助。

有时候，那些不那么擅长交际的人，反而显得可爱。出道这么多年，梁朝伟很少传出过负面新闻。他不喜欢交际应酬，总是和外界保持着一定的疏离感。

张国荣在访谈上曾经这样提到过梁朝伟："伟仔是一个很怪的

人。我、王菲等一帮朋友经常在他家打牌，大家玩得不亦乐乎，只有伟仔不参加。他竟然一个人躲在一旁喝茶。"一拍完戏，大家出去喝酒唱歌，梁朝伟却总是一句："你们玩，我回家。"

直率又爱热闹的刘嘉玲说："阿伟是个爱哭的闷蛋。他喜欢一个人闷在家里，可以一天一夜默不作声。"内向又不爱交际的他，却在自己的世界里活得有声有色，比任何人都享受孤独。

他喜欢读书，从沈从文、村上春树、三岛由纪夫，读到劳伦斯·布洛克。他会自己买张票去中央公园看雪景。他没事的时候就在片场放烟花，最喜欢做的事就是看流星。他还专门请了在英国教王室画画的老师教他画画，从中体悟生活。他甚至上了四天三夜的禅修班，在简陋的房屋中感受自己。

杨绛先生说：世界是自己的，与他人无关。而梁朝伟正是将这种简单活到极致。美国埃默里大学教授马克说过："一个人成熟的标志之一，就是明白每天发生在我们身边99%的事情，对于别人而言根本毫无意义。"

放弃无用的社交，把更多的时间留给自己和家人。专心做自己喜欢做的事，因为人生最曼妙的风景，是内心的淡定与从容。

02. 扔掉过分的欲望

室友逛学生街时，看到路边有衣服清仓大甩卖活动，花了不到五十元淘了两件短袖T恤。回来后她兴奋地跟我说："你看，这件是赵丽颖同款，才花了不到三十元。根本看不出这么便宜吧？"

怎么会看不出来？从材质到做工，无一不在暴露着偷工减料和廉价的事实，就算是同款，与真货的差距实在太大。

果不其然，穿了没两次，室友就嚷嚷着衣服开线、掉色严重，之后再也没看她穿过。她却舍不得扔，任它们静静地躺在凌乱的衣柜里，不见天日。

室友就像一个无可救药的囤积症患者。书架上一排新书从未拆封，横七竖八地堆积在那，蒙上厚厚的一层灰；衣柜里满满当当都是质量低劣、剪裁粗制滥造的明星同款，每一件都穿不到两次；床上摆放了各种各样的玩偶，前男友送的熊娃娃、抽奖抽中的 Kitty 猫……而自己只睡床的一个小角落。

美国哈佛商学院研究发现：幸福感强的成功人士，居家环境往往干净整洁；而不幸的人通常生活在凌乱和肮脏中。

物欲太过强烈的人，反而容易不快乐。什么都想占有、什么都舍不得扔的人，内心充满了贪婪与恐惧，而爱与幸福就找不到相应的位置。

《增广贤文》中有这样一句话："良田千顷不过一日三餐，广厦万间只睡卧榻三尺。"我们的生活中有很大一部分东西都是我们不需要的，甚至完全可以说是垃圾和废物，我们却从来没有想过如何去处理它们。习惯了，麻痹了，溺死其中而不自知，只觉得生活像死水一般毫无生气。

然而，梭罗说："一个人放下的越多越富有。"不如学会断舍离，清空环境、清空杂念，重新拿回驾驭生活的主导权，而不是沦为被生活驾驭的奴隶。

断舍离是日本咨询师山下英子提出的概念。断 = 断绝不需要的东西；舍 = 舍弃多余的废物；离 = 脱离对物品的执着。

对待诱惑，不要因为便宜就去买一些自己并不需要的东西，而是买一些质量上乘、真正适合自己的物品；对待生活，定期整理房间，丢掉不再适合自己的物品，人生就不会有那么多烦恼。

03. 过滤多余的信息

最近，我觉得自己患上了手机焦虑症。

每天早上一睁开眼睛，第一件事就是找手机。打开微信，将朋友圈刷到没有新动态为止；打开微博，看热搜榜单上的明星又出了哪些绯闻；打开知乎，看今天又有哪些人分享了他们新编好的故事。

作家采铜说："我们已经须臾离不开手机，我们会在任何时间不由自主地滚动屏幕，我们会为每天冒出来的各种八卦而亢奋；

"我们已经沉不下心来好好读完一本书，我们已经不去想上个礼拜自己曾经做过什么；

"我们和其他人众口一词一遍遍重复着网络新词汇，我们对广告长度和软度的忍耐力越来越强，我们不知道除了被别人投喂信息之外还能怎样学习、怎样思考……

"我们的思维，已经被过量的信息给堵塞住了。"

太多的信息，以碎片的形式存在脑子里，没办法系统运用，到头来只会让自己对所有的事物浅尝辄止。最可怕的是，我们关注明星的八卦、关注别人的私事，甚至多过了关注我们自身。那些毫无意义的八卦、充满戾气的评论、浮于表面的论断，不仅会左右我们的判断，还会让我们充满焦虑。

我们需要的是一种深度思考、适当放空、化繁为简的能力，这需要我们学会过滤多余的信息。这几条建议或许可以改善这种状态：精简信息输入的源头，减少使用社交网络，戒掉没事就刷朋友圈、微博的习惯；减少关注娱乐、社会新闻的次数，关注的对象宁缺毋滥；比起短时间内看很多本书，不如将一本书重复读上三遍，每一遍你都会有不一样的体验；给信息分门别类，善用工具，例如云盘、印象笔记、有道笔记，快捷方便地存储有用的信息；搭建属于自己的阅读、学习体系，学会提问、学会深入思考问题，拒绝人云亦云。

结语

　　身处知识信息过载的时代，唯有化繁为简、为我所用，才能沉淀，专注于真正重要的事情。这个世界太过浮躁喧嚣，容易让人迷失自己。享受一些真正简单而可贵的东西，才能体味到人生的真谛。当你很想改变，却又无从下手时，不如从定期扔这三样东西开始。

　　丢掉不舍和执着，相信你的人生也会因此得到转机。

独处，是一个成年人最好的奢侈品

　　朋友小安有个怪癖：喜欢一个人去电影院看电影。我觉得很不解，在情侣扎堆、弥漫着爆米花香气的电影院里，一个人去看电影，实在是需要勇气。

　　有人在网上总结了孤独的等级，一个人看电影排在第四。小安却乐在其中，从来没有觉得这是一件孤独的事情。

　　她说，以前下班的时候，经常和同事一起去看电影。无奈，同事话特别多，喜欢边看电影边评价演员的演技，她每次都备受干扰。后来，交了男朋友之后，她就和男友一起去看电影。男友却有个习惯：边吃零食边咂吧嘴。一场电影看下来，小安什么都没记住，光记得男友咂吧嘴的声音了。

而一个人看电影，可以随时兴起随时出发，选片子也不需要照顾别人的感受。看电影的过程，还能不受干扰地仔细品鉴每个细节。

《东方快车谋杀案》中有这样一句话："到了我们这个阶段，已经很清楚自己喜欢什么，讨厌什么。喜欢就尽情享受，讨厌就一点不做。"有时候，独处反倒是一种享受。

不知道你有没有过这样的感受：

酒局、K歌、聚会，夜深之后人群散去，心里只剩下无限的空虚和冷清。处在一群人的狂欢中却倍感寂寞，一个人独处时反倒获益良多。

以前喜欢一个人，现在喜欢一个人。独处，是一个成年人最好的奢侈品。

01. 独处，是一种能力

美国哲学家梭罗，曾经远离尘嚣、只身一人在瓦尔登湖畔隐居两年。两年时间，梭罗自耕自食，自始至终都独自一人。后来有人问他："你一个人住在那一定很孤独，很想见人吧，特别是在风雪天里。"

梭罗回答：

"我们赖以生存的地球不也只是宇宙中的一叶小舟吗？

"我为什么会感到孤独呢？我们的地球不是在银河系中吗？

"我觉得经常独处使人身心健康。与人为伴，即使是与最优秀的人相处也会使人厌倦。

"我好独处，至今我尚未找到一个伙伴能有独处那样令我感到亲切。

"当我们来到异国他乡，虽置身于滚滚人群中，却常常比独处家中更觉孤独。

"孤独，不能以人与人的空间距离来度量。"

学生时代的我，总是害怕独处。吃饭、逛街、泡图书馆，甚至连上厕所的时候都一定要拉着别人一起。没有人陪在身边时，往往就会变得很丧。害怕一个人走在路上时，别人投来异样的目光，那意味着：你性格孤僻、人缘差、没朋友。所以很多时候，宁愿在人群中丧失自我，进行一些无意义的活动，也不愿独处。

后来我才知道：人们常常误解了"独处"与"孤独"的界限，因此将独处与孤立无援、寂寞无助的状态混为一谈。

与自己相处是一种能力，并不是所有的人都具备。心理学家温尼科特认为：拥有独处的能力，是一个人情感成熟的重要标志之一。

一个人想要找到好的生活状态，并不依赖于他人的成全。安顿好自己是一种能力，可以让我们找回内在的力量，全新拥抱生活。一个人时，反而能安静而丰盛。

02. 独处，是一个人最好的增值期

著名作家村上春树很喜欢独处。

他每天有一两个小时跟谁都不交谈，独自跑步也好，写文章也罢，都不感到无聊。和与人一起做事相比，他更喜欢一个人默不作声地读书或全神贯注地听音乐。只需一个人做的事情，

他可以想出许多来。

他每天清晨五点起床、晚上十点之前就寝，过着简单又规律的生活。一天之中，清晨的几个小时是他身体机能最为活跃的时间，因此，他会在这段时间内集中精力完成重要的工作。随后的时间，或是用于运动，或是处理杂务，打理那些不需要高度集中的工作。

日暮时分便优哉游哉，或是读书，或是听音乐，放松精神，尽量早点睡觉。这种生活看似孤独，他却乐在其中，并高效率地写完了无数名作。

《安顿一个人的时光》中有这样一句话："一个人生活，可以是平淡、乏味、停滞不前，也可以是一场充实、美妙、精彩纷呈的冒险。"

有时候，低质量的社交，不如高质量的独处。作家李尚龙说过："寂寞是最好的增值期，不幸的是，那些独处的时间，终究会随着我们年龄增长而减少。你开始高朋满座，你开始酒局不断，你开始老婆孩子热炕头。"

可惜的是，很多人并不知道独处的价值，那些独处的时光，才会让你发光。独处时，你会更加笃定自己究竟想要什么。人只有学会倾听自己内心的声音，才能活得愈加有深度。

利用独处的时间为自己增值，才能把生活的点滴过成诗。真正拉开你与他人差距的，有时候恰恰就是独处的时光。

03. 独处，是敢在爱里孤独

娱乐圈中，我很喜欢刘若英。张嘉佳曾这样评价她："我喜欢刘若英，不是她的某一个阶段，而是整场花开的过程。"她就像一杯奶茶，有奶的芳香却不像奶那么腻，有茶的清淡却不像茶那么涩，所以可以喝一辈子不会腻味。

关于独处，刘若英有自己的诠释。她说，独居是一种孤独，但孤独和寂寞是不一样的。孤独是一种状态，寂寞是一种负面情绪。善于独处的人，不大容易感到寂寞，自己会安排很多事情做，不会轻易被别人影响。婚后的她写了一本书，叫《我敢在你怀里孤独》。她写到自己的婚姻：

"有时候拍戏时，我们经常半个月不见面，没必要天天黏在一起。

"我们夫妻俩一起出门，去不同的电影院，看不同的电影。

"两人一起回家，进家门后一个往左，一个往右，因为两人有独立的卧室和书房。"

她说，人的一生，不是在争取自己的空间，就是在适应别人的空间。独处是将自己无限放大，相处则是尽可能地缩小，去适应别人空出来的位置。而恋人间最好的状态就是"窝在爱人怀里孤独"。

我见过很多女生，习惯将自己的安全感都寄托在另一半身上，在爱里患得患失、失去自我。敢于在爱里孤独，是一种保持独立的人格和心态，不在爱中迷失的生活方式。

结语

周国平说过一句话："人生最好的境界是丰富的安静。"世界太过喧嚣嘈杂，急于合群从众的人往往容易迷失。

而一个人最好的状态，无非是既能享受得了繁华，也能安顿一个人的时光。在这些时光里，愿我们终将与孤独握手言和，重新拥有对抗未知的勇气。

一个人的浮世清欢，一个人的细水长流，也很好。

仪式感对我们来说到底有多重要

民国才女林徽因，每次在夜间作诗前都要做足仪式感。沐浴焚香，一盏茶，一把琴，一本线装书。那首著名的《你是人间的四月天》，大概也是在这样的氛围中诞生的吧。

电影《蒂凡尼的早餐》，奥黛丽·赫本将早餐吃出了仪式感。每当她感到心绪不宁时，就会专程乘车来到蒂凡尼珠宝店门口。穿上美丽的小黑裙，一边吃着手中的面包，一边目不转睛地欣赏着蒂凡尼珠宝，随之感到心安。

法国童话《小王子》里说："仪式感，就是使某一天与其他日子不同，使某一刻与其他时刻不同。"在这个人心浮躁的社会，多少人缺失了对生活的仪式感。

早上常常因为赖床，早餐不吃或随意买个包子对付一下；周末在家睡一天，打开手机点个外卖，或者干脆泡面解决三餐，草草了事；下班回家后与伴侣相对无言，各自盯着手机，你为偶像拼命加油，他则在打游戏打得不亦乐乎。

有时候，你觉得生活太粗糙，那是因为你没有想办法让它变得精致。只有仪式感，才能让你放大每一种情绪，让缱绻在岁月中的日常琐碎，变成充满感动的细水长流。

01

日本的一位小哥最近在 Instagram 上悄悄地火了。他所做的，就只是默默地在社交软件上晒出妻子做饭的照片而已。

2017 年 1 月 7 日，我们的日常就是，老婆在做饭，我在拍老婆做饭的样子。

2017 年 6 月 29 日，老婆给我和女儿做的面条。炎热的午后，风扇转动，妻子的头发也在跟着飞舞。

2017 年 7 月 19 日，老婆做的独一无二的味噌汤，对我而言简直是比首相、CEO 什么的还要了不起的存在！

2017 年 9 月 26 日，看着老婆精心准备的早餐，脑海里突然蹦出了小学时老师说过的一句话：家以外的地方，都是远方。果然是这样呢！

2017 年 9 月 30 日，如果没有遇到她，我大概永远体会不到家的味道，只知道去便利店吃各种速食快餐凑合度日。谢谢你，老婆。

…………

这位日本小哥，用照片和文字记录着与妻子和女儿生活日常的点点滴滴，字里行间，透露着对家人无与伦比的爱。

琐碎平凡的日常，在庄重又认真的仪式感下，变成了温暖又长情的告白。

我见过在朋友圈里晒男友 1314 元转账记录、晒各种甜言蜜语的，但在我看来，把每天的日常过得充满仪式感，才是最高级的浪漫。小小的仪式，可以是偶尔在冰箱上贴封情书，可以是约定每天早上多忙都要一起吃早餐，或者是睡前雷打不动的晚安吻……

村上春树说：仪式是一件很重要的事情。喝牛奶时，你替我擦掉嘴边的白泡沫，是仪式；出门时，你把我的领带给调整好，是仪式；走路时，你蹲下来帮我系好鞋带，是仪式；逛街时，你记得我喜欢的衣服买来送给我，是仪式。

一些暖心的约定和细节就能传递关切与亲昵，换个视角看生活，感觉就会完全不同。

02

《奇葩说》有一期的主题是：婚礼真的有必要吗？

辩手飞飞把婚礼形容成了一个大型、尴尬、荒谬、自相矛盾、自娱自乐的私人举办的庙会，赢得了无数人的赞同。确实，我们大多数人的婚礼，不会定在巴厘岛和爱琴海，大多数新娘也都穿不起的高订婚纱，婚礼现场也许只剩下无数次的敬酒和令人尴尬的琐碎流程。

然而，婚礼的重点，永远不是亲朋好友的吃吃喝喝，而是两个人当众许诺相伴一生，是父亲牵着新娘的手，将其交到新郎手中的那一刻。人生中最重要的时刻，仪式感能够赋予其持久的纪念意义。

电视剧《请回答1988》中，有一集让我哭红了眼睛。在宝拉的婚礼上，宝拉的爸爸沉默不语，强忍着紧张和各种复杂的心绪，嘴角却不受控制地抽动。他穿着宝拉送给他的皮鞋，尽管这双皮鞋比他的脚大了好几码，他仍固执地穿到了婚礼现场。

小女儿德善看到了，贴心地往爸爸的皮鞋里塞了一叠纸进去，并刻意用裤腿盖住。当宝拉和新郎向自己的父母鞠躬时，宝拉看到了爸爸脚后跟露出来的纸，瞬间泣不成声。

这一对父女，平常都不善于表达自己的感情。直到女儿出嫁，父女之间都没有过真诚的对话。性格太相似的两个人，反而最陌生。这两个偏脾气的人，直到婚礼时刻，才默契地用写信的方式表达自己的爱。

黄磊曾经在《奇葩说》上说过："我有两个女儿，如果有一天哪个男的跟我女儿说没有婚礼，我会跟我女儿说不要嫁给他。"当萍水相逢的两个人因为爱走到一起，是婚礼见证了彼此的承诺，见证了家人朋友的祝福。也许婚礼过后，婚姻生活只剩下柴米油盐的平淡。

可正因为如此，我们才需要仪式感，让那一天与众不同，很多年以后仍能记起当初的美好情感。

03

自媒体作者妮妮曾经写过这样一件事：

有一天她出门办事，正好离闺密的公司很近，于是顺道过去看看她。那是妮妮第一次见到闺密上班时的状态：闺密身穿一条深蓝色的连身开叉长包裙，脚踩尖头黑色小高跟，齐肩的卷发蓬松而又服帖，配着精致的妆容和大红唇，整个人职业感十足。

对比一下自己：短裤搭配白色的板鞋，度假般的休闲装，让妮妮觉得和闺密站在一起极不登对。闺密提醒她："你穿得那么休闲去上班，其实少了一种工作状态的仪式感。"

一个人上班的状态其实从穿着就能看出，如果穿得过于休闲，上班的状态也会比较轻松，可能会影响工作效率。这种仪式感，意味着对自我的严格要求，对每一个场合的尊重。

那些在上班时间刷手机玩游戏，在放假的时候又焦虑工作和学习的人，多半对生活缺少了必要的仪式感。他们浑浑噩噩地过着每一天，忘了如何投入生活，如何为人生赋予价值。

王阳明说过："你未看此花时，此花与汝心同归于寂。你来看此花时，则此花颜色一时明白起来。"

人为何需要仪式感？生活的意义，在于自己赋予。仪式感能够不断地给自己输送自我暗示，用庄重而认真的态度去对待生活里的每一件事情。

德国作家洛蕾利斯写过一本书，叫《我们为什么需要仪式》。书里说："有仪式感的人生，才使我们切切实实有了存在感。不是为他人留下什么印象，而是自己的心在真切地感知生命，充满热忱地面对生活。"

结语

在漫长而无边的黑夜里，只有善待自己，才能让生活变得精致而丰盛。愿你我能感受平凡生活中的小确幸，重新拾起对未来的美好向往。

用仪式感去放大每一寸情绪，把每件事情都做成值得回味的纪念。

你的文化层次有多高，看这三点就知道

王家卫有一次让他的演员翻译 I Love You，有的演员翻译成我爱你。王家卫说，怎么可以讲这样的话，应该是："我已经很久没有坐过摩托车了，也很久未试过这么接近一个人了。虽然我知道这条路不是很远，我知道不久我就会下车。可是，这一分钟，我觉得好暖。"

有文化的人所看见的世界是不一样的。他们看见夕阳余晖和飞鸟时，想的是：落霞与孤鹜齐飞，秋水共长天一色。而不是：好多鸟，好好看。

他们陷入思念和忧愁时，想的是：莫道不消魂，帘卷西风，人比黄花瘦。而不是：难受，想哭，本来今天高高兴兴……

白岩松说过："一个人有没有文化，并非看他的学历有多高。有学历的人，不一定有文化；没学历的人，不一定没文化。读很多书，拥有很高的文凭和有没有文化有时完全是两码事。"

一个人是否有文化，体现在这三个细节。

01. 独立思考的能力

QQ 上，好几年不曾联系的初中同学突然发来一条消息："大家注意了，10 月 20 日是腾讯老板马化腾的女儿（腾佳琪）的生日，也为回馈网友对腾讯的大力支持，只要转发这条说说后，你的 QQ 等级就会连升 4 级。转发 10 秒后看你的头像。"

且不说马化腾的女儿怎么会姓腾，这种类型的谣言传了这么多年，居然到现在还有人信以为真。微信上，长辈群里又有人在发一些"不转不是中国人"的消息："联合抵制××！如果你是中国人，就发到各个群里！只要把这条消息发到 5 个群上，微信自动加 100 元红包，我试过了是真的。"

打开朋友圈，各种转发的文章中，充斥着满屏刺激性的言语、强词夺理的逻辑、煽动性的结论。热点换了一波又一波，总有人来不及思考就急着站队、急着人云亦云。生活中，频频听到这样的言论：

"学语文有什么用？买菜又用不上。"

"学高数有什么用？买菜又用不上。"

"女孩子何必上那么久的学、读那么多的书？还不如早点找个好老公，相夫教子。"

"985 大学毕业出来有什么用？我儿子才念到高中，现在赚得比你还多。"

《乌合之众》里有这样一句话："群众从未渴求过真理，他们对不合口味的证据视而不见。假如谬误对他们有诱惑力，他们更愿意崇拜谬误。"

没文化有多可怕？低水平的认知，缺乏独立思考能力，总是被煽动性的言论洗脑，这些只会让一个人故步自封、停滞不前。叔本华说："独立思考比读书重要。"一个有文化的人，具备独立思考的能力，而不是人云亦云，被谬论谣言洗脑。

02. 内心的修养

前段时间的《开学第一课》上，主持人董卿采访了著名的翻译家许渊冲老先生。因为许老先生腿脚不便，只能坐着，而董卿站着采访，老先生需要抬头仰视她。为了表示对老先生的尊敬，董卿在短短的 3 分钟时间里，跪地 3 次，尽量保持和老先生平视或仰视的角度。不仅如此，在老先生说话的时候，她会非常专注地侧耳倾听。而每当要提问的时候，她会主动靠近老先生的耳边，用缓慢的语速向他提问。

她的一颦一笑、一举一动，优雅又不失谦卑，是一个人良好修养的自然流露。梁晓声曾经说过："文化可以用四句话表达：根植于内心的修养；无需提醒的自觉；以约束为前提的自由；为别人着想的善良。"

根植于内心的修养、举手投足间散发的教养，让我们看到了董卿的文化气质。

反观我们身边，有多少人情绪总比逻辑来得快，脾气总比涵养少得多。有海选时对着一个自称感冒、还未开唱的年轻女孩说"那就不要唱了，走吧"的评委；有对着因暴雨天气而送餐晚了十几分钟的外卖小哥拳打脚踢、辱骂拒收的客人；有因在地铁上没被让座，就伸手扒女生衣服的老人……

连最基本的尊重都不懂，实在不能说这样的人有文化。一个有文化的人，具有根植于内心的修养、为别人着想的善良。

03. 自我的积淀

电影《肖申克的救赎》中有这样一个场景：

安迪被典狱长关禁闭一个月，那是个暗无天日只有老鼠做伴的地方，普通人连三天都无法忍受。当他被释放出来后，瑞德看着他说："难以置信你竟然挺过来了。"安迪指着自己的脑袋回答："有莫扎特陪着我。"

这让我想起意大利导演费里尼曾说过："要拥有很多内在资源，才能享受独处。"因为真正独处时，就只剩下自己可堪挖掘。

在浮躁和充斥着诱惑的娱乐圈中，有这样一位另类——陈道明。剧组拍完戏，他就一个人待着。聚会不去、应酬不接。更多的时间，他选择了独处。

　　他会弹钢琴，还会吹萨克斯、拉手风琴，在拍戏的间隙，他习惯用音乐获得内心的平静；他爱看书，从鲁迅、胡适，读到李敖、北岛，被冯小刚称为"中国读书最多的演员"；他喜欢画画、书法和下棋，在家拿着毛笔抄《道德经》，还经常为女儿做糖人、面人。他明白，要想在这个喧嚣的世界里活得快乐，必须要学会安放自己浮躁的心。

　　天下熙熙，皆为利来；天下攘攘，皆为利往。不管环境如何浮躁或如何荒芜，有文化的人已然可以丰富自己的内心，并从中获得安宁。他们习惯独处、懂得独处、渴望独处，在独处中思考、在独处中升华。一个有文化的人，不畏惧独处，更喜欢在独处中默默提升自己。

结语

　　很多时候，文化是一种隐性的存在，是一种人生的准则。它也许看不到，但很重要。它会让你思想更丰盛、选择更高级、做事更自主、生活更充满情趣，这些都是对自己的好处。只有保持谦逊，继续学习，才能让自己的内在力量更强大。你的文化素养，决定了你的人生层次。

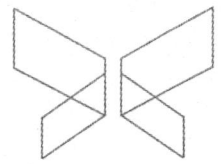

7

自律是毕生的修养

我们太喜欢先入为主了，太喜欢用自己的偏见去揣测、衡量别人。但其实我们根本不了解别人曾经有过怎样的经历，心中有怎样的痛处。

我曾路过深夜的小酒馆，看到趴在门口痛哭的上班族；也曾见过地铁站里，一边抹眼泪一边拎着高跟鞋光脚跑下楼梯的姑娘；还有在食堂里，顿顿就着免费的例汤啃馒头的少年。

不是谁都有资格活得轻盈。也没有谁能够对他人的遭遇感同身受。

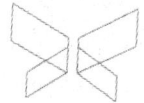

深到骨子里的教养，是从不做这件事

01

作家李尚龙讲过这样一件小事：

有一次，他在地铁里捧着一本莫言的《丰乳肥臀》，一个路人看了一眼书名，然后很鄙视地摇了摇头。路人也许在想：这家伙竟然敢在公开场合看黄书。

还有一次，李尚龙在教师休息室里捧着一本《希望永远都在》。一个老师走了进来，看到了他，再看了一眼书名，用很嘲弄的口气说："你也看鸡汤啊。"那个老师不知道的是，《希望永远都在》是一本讲柬埔寨历史的书，只是名字像鸡汤而已。书里面的故事，血淋淋的，让人思考着世界的变革和柬埔寨的过去。

生活中，有太多人喜欢站在自己的角度和立场去评判他人。在不了解事实的情况下，以己度人，妄加评论。但是凭什么呢？

看过这样一句话：一个人最大的恶意，就是把自己的理解强加于别人，把所有的结果理所当然用自己的过程来解释，并一直认为自己是正确的。就像之前，上海俩姑娘蹲在地上等地铁，被人拍照曝光到微博，评价其"不雅观""没教养"。可你怎么知道人家不是走很久很累了，或是身体有不适呢？

还有电影《搜索》中的高圆圆，因拒绝给老大爷让座，被众人集体指责其道德沦丧。可他们并不知道，上公交车之前的她，刚得知自己罹患癌症，心灰意冷、沉浸在惊愕与恐惧之中。现实生活中，这样的事情还少吗？

《庄子》有云："子非鱼，焉知鱼之乐？"不了解他人，就不要轻易下结论。深入骨髓的教养，就是从不随意评价他人。

02

电视剧《匹诺曹》中，有一集让我印象深刻。

健身房里，一位大妈因为运动过度心脏停搏而死。她曾是体重超过九十公斤的重度肥胖者，死亡前，体重已经减到了七十多公斤。所有人都在好奇她为什么要这样不顾一切减肥，甚至不惜搭上自己的性命。

媒体记者们来健身房取材，健身房的员工纷纷贡献出自己的八卦：

"大妈的前夫两个月前再婚了，而且据说对象是一个特别苗条漂亮的女人。"

"她肯定是因此深受刺激，才决定狠下心来减肥的吧。"

于是，在没搞清事实真相以前，媒体以"切勿因爱美而过度减肥"为主题，播送了一期新闻。然而，他们不知道，大妈拼命减肥的背后，有着多么悲伤的理由：

大妈和前夫有一个在读高中生的女儿，由前夫抚养。两个月前，女儿被查出肝硬化已经到了末期，只有接受肝移植才能活下去。大妈的血型和女儿一样，但是医生说大妈得了脂肪肝，只有减重三十公斤，才能进行移植。于是，为了在短期内迅速减重，大妈没日没夜地在健身房内跑步，只为了救她最爱的女儿。

正如男主所说：不管自己的话有多大分量，就信口胡言的人，实在太可怕。我们总太喜欢先入为主了，太喜欢用自己的偏见去揣测、衡量别人。但其实我们根本不了解别人曾经有过怎样的经历，心中有怎样的痛处。

我曾路过深夜的小酒馆，看到趴在门口痛哭的上班族；也曾见过地铁站里，一边抹眼泪一边拎着高跟鞋光脚跑下楼梯的姑娘；还有在食堂里，顿顿就着免费的例汤啃馒头的少年……

不是谁都有资格活得轻盈。也没有谁能够对他人的遭遇感同身受。

小说《了不起的盖茨比》的开篇有这样一段话："我年纪还轻、阅历不深的时候，我父亲教导过我一句话，我至今还念念不忘。'每逢你想要批评任何人的时候，'他对我说，'你就记住，这个世界上所有的人，并不是个个都有过你拥有的那些优越条件。'"

就像微博上流传过的一段话："我们生活在不同的世界，你生活在一艘豪华的大船上，船上什么都有，有一辈子喝不完的美酒，还有许多跟你一样幸运登船的人。而我抓着一块浮木努力漂啊漂，海浪一波一波拍过来，怎么躲也躲不掉，随时都有被淹死的危险，还要担惊受怕有没有鲨鱼经过。你还问我：为什么不抽空看看海上美丽的风景？"

这一生，太多人都是在负重前行。你永远都不会知道别人经历了什么，因此也不要妄自评价。

03

近几年，越来越多的人喜欢看《奇葩说》。大家爱看的，其实不只是酣畅淋漓的辩论、打动人心的金句，还有对不同观点的接纳、思考，对事物不同层面的认知。就像马东所说，《奇葩说》最大的意义，便是让观众看到：任何一件事从不同的角度切入，都会有不同的观点和认知，甚至是截然相反的论断。

我们自以为做出了公正的判断，其实往往都带有自己的主观色彩。我们会因为某些蛛丝马迹，就轻易给别人贴上标签。但每个人各有自己的生活取向和价值选择，不要做他人生活的审判者。

韩寒说过一句话："如果你不了解，你就闭嘴，因为你永远不知道别人经历过什么；如果你了解，那你就更应该闭嘴。"在没了解事实真相之前，先别急着站队。你的一句恶意揣测，也许对当事人来说会造成无法磨灭的痛苦。

深入骨髓的教养，是从不随意评价他人。即使看破，也能不说破，明白对方心中所苦，又给人留以体面，是做人的一种修养。李尚龙说："我们是人类，却不是一类人。"每个人有每个人的活法，谁都没有权利去指手画脚。看见优秀的人欣赏，看见落魄的人也不轻视。

层次越高的人，越喜欢专注自身，而不是评价他人。就像很多人爱王菲，不只是爱她的歌、爱她的电影，更因为她活出了一个率性的自己。不去讨好世界，也不去评论是非。做好自己就行，爱谁谁。当你知道，你并没有被赋予对他人进行论断评价的权利时，你会发现自己有了更多的精力和时间去专注自己的事。

人生最曼妙的风景，是内心的淡定与从容。专注自身，你会拥有更广阔的天空。

结语

想和大家分享一个小故事：

一位画家做过一个试验：请人指出他一幅画的缺点，结果被贬低得一无是处；次日，他又请人指出同一幅画的优点，结果被夸得十全十美。

他得出结论：永远有人欣赏你，也永远有人批评你。安心画好自己的画就好。

不随便评价他人，是一种修养。而不活在别人的评价里，是一种修行。

有一种教养，叫"不给别人添麻烦"

01

前不久，微博上有一段"女子拼命阻拦高铁发车"的视频引起大家热议。

视频中，在高铁将要关门时，该女子始终霸占在车门处，阻挡车门关闭。列车工作人员对她不断进行劝说，告诉她这是违法行为，会影响其他高铁的抵达时间。车上的乘客也围了过来，指责因为她一个人耽误整车人出行，甚至还可能引发危险。但她仍不为所动，执拗地用身体强行阻挡车门的关闭，理直气壮地说："等我老公过来，我才进来。"

要全车人等一个人？电视剧本都不敢这么写。更何况，这不是路边随招即停的出租车，而是准点发车、调度通信系统全国联网的高铁。从来都是只有人等车，没有车等人的。一车人都没有过错，及时检票等车了，凭什么一起为你们家的迟到买单呢？

这件事在网上发酵后，女子的身份被查明，竟然是某小学的教导处副主任。有和她同一个小区的网友称，这名罗老师，平时上电梯也是这样，把门扒着让一电梯的人等她老公。看来，这位罗老师习惯了一切以自我为中心，没有考虑过是否给别人添了麻烦。

教养和文化，有时候确实与学历和身份无关。

我们会看到：女博士自己误机却甩工作人员巴掌，并理直气壮地反问：我就迟到 5 分钟怎么了？

湖南某高校新生，要求学长学姐帮他背行李，被拒绝后连吐脏字破口大骂，俨然把自己当成宇宙的中心。

这样的新闻，还少吗？这类人群，一切以自我为中心，丝毫不曾考虑自己的行为会给别人带来多少麻烦。而在自己的要求得不到回应时，又会恼羞成怒，不惜撒泼耍狠来逼对方屈服。

有人说：一个人，最起码要有"因为自己给别人添了麻烦而感到不好意思"的自觉，才谈得上最基本的教养。深以为然。有一种教养，叫作"不给别人添麻烦"。看似不起眼，却是人与人之间交往的基石。

02

　　一位叫 Judy 的空姐，曾经讲过关于刘诗诗的一件事。

　　因为职业关系，空姐们经常会见到各种大咖明星们，飞得久了各种各样的也都见怪不怪。那天，刘诗诗在飞机上，坐的是头等舱。飞机落地后，空姐 Judy 整理头等舱的时候发现，刘诗诗的座位上，被子叠得整整齐齐。Judy 瞬间被圈了粉："头等舱的客人，基本都是将被子团成一团扔在脚底下，整理好的被子一个航班都碰不到一个。"

　　有一种教养，就是力所能及地做好自己的事，不给别人添麻烦。这么一个小小的细节，透露出的不仅仅是一种礼貌，更多的是一颗善于换位思考的心。

　　同样是发生在飞机上的一件暖心小事。

　　一位独自带着小孩的妈妈上了飞机后，怕孩子吵闹打扰到身边休息的客人，给其他旅客每人都发了一份礼物。礼物是耳塞和两颗糖果，还附带了一封信：你好！我是来自宁波的 Wendy，我刚刚一岁半。这不是我第一次出门旅行了，可是独自带我的妈妈还是担心我的哭闹会打扰到你，毕竟飞机气压变化会让我感到很烦躁。在公共场合打扰别人的可不是好孩子，我会尽力保持安静的。这里有耳塞和小糖果，希望能减轻你的困扰。Wendy 祝你旅途愉快哟。

　　有空姐和乘客非常感动地将这件事分享到朋友圈，并表示整个航程中，宝宝都非常乖，没有哭闹，一直在安静地看动画片、吃东西。

　　这位妈妈的周到，体现了她的素质和教养。很多人坐飞机、动车出行的时候，都遭到过"熊孩子"的骚扰。要么拼命踢椅背、要么全程哭闹个不停，让你根本得不到一点休息的机会。孩子不懂事，你没办法发火，可最气人的是家长也不当回事。

当你实在忍无可忍地开口后，有些家长会拿万能金句堵你的嘴："他还是个孩子，你一个大人跟他计较什么呢?"

世界上有太多的巨婴症患者，他们无法做到将心比心，无法做到己所不欲勿施于人。如果每个人都能拥有"不随意给别人添麻烦"，或者"给别人添了麻烦而感到愧疚"的教养，整个社会想必会减少许多矛盾。

03

曾经看过这样一个视频，是在日本一家 24 小时超市拍的。

凌晨 3 点，一位坐着轮椅的老人来买东西。他要买农药，给家里的菜园子杀虫。超市的店员问他为什么要在这么晚的时间来买，老人回答："如果白天来，会打扰到其他的客人。"因为自己行动不便，坐着轮椅，可能会影响其他客人买东西或结账，所以选择在凌晨 3 点，一个人慢慢摇着轮椅去买。

一个人能想到不给别人添麻烦，最主要的就是能够将心比心，能站在对方的角度，设身处地地感受和体谅别人。

教养，有时候就体现在这些细枝末节的地方。这不但是一种潜移默化的行为表现，更是一种对他人的体谅与关怀。

有人说，中国是人情社会，感情都是麻烦出来的。今天你麻烦我，明天我麻烦你，一来二往，感情就建立起来了。这个道理原本应该是，朋友之间，如果长时间不联系，感情容易变淡，想要维系，需要多联系、多走动。并不代表，要理所当然地麻烦别人，让别人为难还毫无自察之心。

结语

蔡康永说过这样一段话："人与人之间有恰当的人际关系，超越了人际关系的那个分寸，就是给别人添麻烦。"给别人添麻烦的原因，可能来自无知，来自教养，可能一切的根源，统统在于没有把别人放在心上。

我之蜜糖，彼之砒霜。多站在他人角度上思考问题，是一种最高级别的教养。

生活中的这些细节，会让别人对你好感全无

在人际交往中，每个人都希望自己能够给别人留下良好的印象。然而你是否知道，一个人有无教养，很容易体现在细枝末节当中。

细节见素养，细节识人心。你不经意的一个动作、无意中说的一句话，都会暴露出你的教养。这些细节，会让别人对你好感全无。

01. 时时刻刻都在抱怨他人

前几天，看到了一条微博：哪些细节，会降低你对一个人的好感？

排在热门第一、点赞数达到十九万的一条评论是："无论你说什么，他总会呛你两句，好像这样就可以显得他比你牛×，比你见多识广一样的。"

似乎每个人都会遇到这样一类人，时时刻刻充满了戾气，无论你说什么，他都要第一时间回击上一句。这种回击并不是好朋友之间开玩笑、互相吐槽的那种，而是不尊重对方、没脑子一样地随意反驳，自我感觉超优越，却从来不肯站在对方的角度上考虑问题。

特别是在网络上，这种现象几乎随处可见。我有一个朋友，平时喜欢在某交流平台上写影评，收获了一票粉丝。后来她开了个公众号，因为每天都勤快地更新文章，关注她的人也越来越多。有一天，我突然意识到她已经超过一个星期没有更文了，便去问她原因。

她发了几张截图给我，我才知道，后台里总有那么几个粉丝，喜欢在她发的每篇文章下面写恶评。她写自己去国外旅行的游记，分享一些美食攻略，那几个人就说她"秀优越""崇洋媚外"；她写正在热映的电影影评，推荐大家去看，马上就被质疑她收了多少广告费；她写一些生活随感，底下就有人评论："能不能不要老是发这种鸡汤？""写得毫无水平，垃圾""取关了"……

朋友觉得很不解："难道不是因为喜欢我的文章才来关注我的吗？为什么无论我写什么都要被那些人骂上一遍？"那些字眼深深刺痛了她的玻璃心，十分在意别人评价的她，变得不敢发文了。

不可否认，朋友有些反应过激了。一个人想要成功，必须经得起诋毁和赞美。但是，语言暴力的影响确实不可忽视。也许我们并不认为自己的言语是"暴力"的，但有时候，我们说的话确实会引起他人的痛苦。

《非暴力沟通》里有这样一段话："言语上的指责、讽刺、否定、说教以及任意打断、拒不回应、随意出口的评价和结论给人带来的情感和精神上的创伤，甚至比肉体的伤害更令人痛苦。"

你是否习惯性地否定别人，觉得只有自己的话才是真理？当别人满心欢喜地跟你分享他的见解，你都会不屑一顾、嗤之以鼻？观点不同很正常，但是否一定非要用充满戾气、令人受伤的表达方式？

涂磊说过："刻薄嘴欠和幽默是两回事，口无遮拦和坦率是两回事，没有教养和随性是两回事，轻重不分和耿直是两回事。"己所不欲，勿施于人。别让你的语言成为伤害别人的利器。

02. 贪小便宜成性

有一次回老家参加亲戚家小孩的满月酒席，同桌的一位中年妇女给我留下了深刻的印象。

正菜还没上来之前，桌上摆着好几碟小鱼干、海带丝、花生米之类的小菜，我刚想夹一筷子，却看见那位妇女熟练地掏出几个塑料袋，将那些小菜一股脑地倒进塑料袋藏在了包里。末了还笑着象征性地问大家一句："你们都不吃吧？不吃我带走了啊，免得浪费。"

我目睹了她行云流水般的动作，不禁无话可说。生活中总是会遇到一些贪小便宜成性的人。比如大学的时候，叫舍友帮忙带饭，却从来不给钱的人。聚会聚餐，碰到结账买单的时刻总是率先躲进厕所的人。损坏、私占共享单车的人，吃自助餐永远要带个塑料袋偷偷装满的人，蹭 WiFi 蹭霸王车把公厕里的免费卫生纸带回家的人……这类人的人生信条是：吃什么都不能吃亏，能占便宜就不能不占。

这样的人真的很掉价。你总是贪小便宜，别人看在眼里，会觉得你品行不端、难以信任。这种人，表面上看起来确实占了不少便宜，得到了很多好处。但他的行为却让大家都讨厌，需要别人帮忙时，可能就没人愿意了。

很多人占小便宜，并非是因为穷，也并非是因为切身的需要，仅仅是因为人性骨子里的贪婪。这种贪婪不加以控制，将会因小失大，在不经意间失去他人的信任、失去干大事的机会。

结语

人与人之间的交往是需要平衡感的。被一再无视后，再好的朋友也会离开。

有句话说："你做的每一件事情，都是你的名片，细节最见一个人的修养。"评判一个人是否值得交往，是否值得重用，往往不是空穴来风，而是通过一些细节。

永远不要低估别人的观察力和判断力，无意的一件小事，最见人品。你的素养，都体现在了细节里。

情商高的人，都有这三种特质

听朋友讲过这样一件事：

经家长介绍相亲的两人约在电影院见面，等电影播放的期间聊起互相的家庭背景等情况。女孩说：我妈后来身体总是不舒服，还坚持不退休，我就说你们单位又不是没别人能替你，还是休息吧。

正常小伙也许会说：是啊，也到了该好好享受的年纪了。聪明点的小伙会制造更多的接触机会：阿姨有去医院看过了吗？我有个朋友是医院的，可能帮得上忙。再不济，就是木讷点的小伙接一句：哦，我妈也退休了。虽然难接但也不至于令人讨厌。

然而这个故事里的男主却说：哦，那你妈和我不一样，我那个工作就没人能替。

情商低到这份上，相亲脱单估计也就没什么希望了。你身边是否也有这样一些情商低的人：

和他说话永远要担心冷场、担心难堪，因为他的话题永远以自我为中心；

常常把不好的情绪发泄在他人身上，和他相处永远是如履薄冰；

说话做事没有分寸，喜欢戳人痛处；

…………

在这个时代，情商似乎已然成了一项核心竞争力，变得越来越重要。我曾经以为，情商高就是油嘴滑舌、说话好听。但直到我看了《人性的弱点》，我才明白：情商高的本质，是懂得真心实意地站在对方角度着想。

情商高的人，一般都有以下三种特质。

01. 情商高的人，不会用无用的批评来解决问题

江士顿是一家工程公司的安全检查员，他的职责之一就是监督在工地工作的员工们是否有戴安全帽。以前，他一碰到没

有戴安全帽的员工，就带着官腔批评他们，要他们遵守公司的规定。员工虽然表面上接受了他的批评，却满心不高兴，而且常常在他离开工地后，又把安全帽拿了下来。

江士顿察觉到这一点，于是纠正了自己的说话方式。下一次他发现有人不戴安全帽的时候，便询问他们是不是安全帽的设计让他们不舒服。接着以令人愉快的声调提醒他们：戴安全帽的目的是保护他们不受伤害，建议他们工作的时候一定要戴安全帽。这样做的效果比以前好很多，也没有员工显得不高兴了。

情商高的人，不会用无用的批评来解决问题。身边有太多这样的例子：

小孩因模拟考的分数不理想而被父母训斥了一顿，下一次考试因为紧张和压力而考了更低的分数，只好偷偷把卷子藏起来不给家长看；

男生没买到演唱会门票而被女友责骂一通，导致吵架冷战，错过下一轮抢票的机会；

下属没搞定一单生意、丢了一个客户，被上司当着所有人的面劈头盖脸地羞辱，不但客户回不来，连下属也跳槽了。

尖刻的批评与斥责，总是无济于事。不但不会改变事实，反而会招致愤恨。因批评而引起的羞愤，常常会使得被批评的一方情绪大为低落，恶性情绪蔓延，非但不利于解决问题，还会使关系破裂。

人性就是这样，做错事的人永远不会责怪自己，每个人都不想被他人指责。哲学家杜威认为：人类天性中最本质的冲动，就是被人尊重的欲望。

有研究证明：在学习方面，因好行为就得到奖励的动物，要比因坏行为就受到处罚的动物学得快得多，而且能够记住它所学的。进一步研究显示，人类也有着同样的结果。正如席莱所说："我们极希望获得别人的赞扬，同样地，我们也极为害怕别人的指责。"

情商高的人，不会将时间花在无用的批评上，而是会尽量设身处地地去想问题：他为什么这么做？怎样才能让他不这么做？这比批评和训斥要有效得多。

下次你想批评某人之前，先问问自己：这样做真的有用吗？

02. 情商高的人，懂得善用利他思维

卡耐基曾向一家饭店租用大厅来办讲座，每一季度用 20 个晚上。在某一季度开始的时候，经理突然通知他要涨 3 倍的租金。他在得到这个通知的时候，入场券早已印好分发出去了，而且所有的通知都已经公布了，如果临时取消损失会很大。

他没有像普通人那样，怒气冲冲地与饭店经理争论、责备，而是拿出一张纸，给经理分析涨价的利与弊：

"我无法支付你所要求的租金，只好被逼到其他地方去开讲座。这样你非但从我这里拿不到一分钱，还失去了一个很好的宣传机会。我的课程能吸引不少受过高等教育、水准高的人士到你的饭店来，你如果花 5000 美元在报纸上刊登广告也不一定有这么好的效果。"

第二天，他收到经理的一封信，通知租金只涨 50%，而不是300%。他的成功之处在于，他全程没有谈到自己的需求，而是一直在讨论对方的利益。

奥佛瑞教授有一句充满智慧的忠告："首先，唤醒他人心中的渴望，能做到者，可以掌握世界，不能的人将孤独一生。"自私的人只会想着自己的利益，而情商高的人，懂得善用利他思维。那些能够设身处地地为他人着想，并能兼顾对方利益的人，永远不怕无所作为。

想要让别人去做一件事的时候，在你开口之前，先停下来问问自己：我如何才能让他心甘情愿地做这件事呢？

03. 情商高的人，善于聆听他人的意见。

卡耐基的学生伍顿在一家百货公司买了一套价格昂贵的衣服，买回家却发现，这套衣服会褪色，把他的衬衫领子都染黑了。他极为恼火地把衣服拿回百货公司，找到了当时交易的店员，想要说明事情经过，却频频被打断。

店员扯着嗓门、话中带刺地说："这款衣服我们卖出去好几千套了，头一回有人挑刺。"另一个店员也跑过来插嘴道："黑料子的衣服一开始都会褪色的，这种价位的衣服都这样。"

两个店员不但没有解决问题，还挑衅地怀疑他的诚实，暗示他买的是不上档次的产品。正当他想要发火大骂时，百货公司的负责人过来了，他只用了三个步骤，就让原本僵持的局面化解：

首先，负责人让伍顿从头到尾地把经过说一遍，中途没有插过一句话。听完事情经过，负责人向他道歉，说没想到这衣服会这么差劲，这种不能满足顾客要求的东西就不该卖出去。最后，提出解决方案：他想怎么处理都行，百货公司会完全遵照他的要求去做。

　　听完负责人的话，原本想把衣服退掉的伍顿改变了主意，询问负责人有什么办法可以让衣服不褪色。听了建议后的他，最后成功解决了衣服褪色的问题。

　　那些最爱挑剔、最喜欢吹毛求疵的人，往往会在怀有忍耐与同理心的聆听者面前软化下来。情商高的人，善于聆听他人的意见。与人争论只会让事情变得更糟，不如站在对方的角度听听对方的意见。

　　一些人之所以始终不能给人留下良好印象，原因是他们不愿意用心听他人说话，这些人在乎的仅仅是自己要说什么，而对别人毫无兴趣。

　　这个世界上从来都不缺乏夸夸其谈的人，缺的是好的倾听者。真正拥有高情商的人，懂得如何真诚、耐心地去倾听别人。

结语

　　有人说，一个人的成就，情商占80%，专业技术、智商占20%。为人处世的能力，有时候比智力和工作能力更为重要。拥有良好的情商，才能建立起良好的人际关系，获得他人的尊重和认可。

　　情商高的人，一般拥有这三种特质：不会随意评判别人、善用利他思维、懂得倾听他人的意见。真正的高情商，不是靠钻研谈话技巧、说话技术就能够练成的，最重要的是拥有一颗懂得换位思考、设身处地地替别人着想的心。

这三句话最伤人，永远不要说出口

01. 别对你爱的人飙狠话

前段时间看了寇乃馨的演讲《别对你爱的人飙狠话》，感慨万千。她说，每个人都会犯这样一个错误：把最好的一面留给陌生人，而最差的脾气和态度却留给自己人。

对着身边最亲近的人发泄，是人性与生俱来的懦弱。小时候，每次家里来了客人，在客厅看电视的我都会迅速地躲进自己的房间里不出来。作为性格慢热又有点内向的孩子，让我对着不熟的大人谈笑风生，我真的做不到。因为这一点，父母总是把一句话挂在嘴边："你看看隔壁家李叔叔的女儿，比你开朗，比你有礼貌，样样都比你强。"

这句话在我的心里牢牢刻下了一道印痕，这种影响一直持续到现在，我总是习惯性地不自信、畏畏缩缩、认为自己比不上别人。

孩子有多想被父母认可，这句话就有多伤人。也许爸爸妈妈不会知道，他们的一句话语，会像魔咒一样在孩子的生命里如影随形。

然而，我没想到，有一天我也会将这句伤人的话脱口而出。那天，因为一件琐事和交往多年的男友吵架，他没有像往常一样好脾气地哄我，我气急败坏地想要用最狠的话伤害他，于是脱口而出："你看看别人的男朋友，至少都比你有钱，你呢？你能给我什么？"

　　话一出口，他不可置信地看了我一眼，沉默着拿起自己的背包开门离去。

　　迟来的后悔阵阵涌上心头。最亲近的人总是毫无保留地向你展示他的一切，他的情感、他的心思，以及他的弱点，因此当你真的要去伤害他的时候，你总能让他伤得体无完肤。

　　我们总是对陌生人谦卑、对亲近的人口不择言，认为无论如何都会被原谅，所以放肆地一次次伤害，却忘了对方的感受。

　　然而，并不是每一次我们说出去的狠话，都还来得及道歉跟补救。不要讲出这句你会后悔的话，不要用言语伤害你最亲近的人。

02. 只说该说的话

　　作家冯小风分享过这样一个故事：

　　他的朋友皮哥平时做的是一些花木生意，算不上太忙。皮哥的母亲已经六十多岁，前段时间被诊断出糖尿病，需要每个月定期去医院复查。由于复查的时间正好是工作日，皮哥和他的两个哥哥就商量着轮流带母亲去医院，从大哥轮起。

　　经过一个循环后，又轮到他大哥了，可大哥第二天有事，于是大哥便跟他商量，让他明天带着母亲去医院。皮哥正准备答应下来，他大哥又补上一句："反正你一天到晚也没什么事。"他大嫂也在一旁附和："就是，反正你时间多，你就再送一次呗。"

　　皮哥当场就来气了，怎么自己在他们眼里就是闲人一个，无所事事了？因此不但拒绝了这件事，一家人也以吵架收尾。

　　不知道从什么时候开始，有些人说话老喜欢补一句："反正你也没什么事""反正你闲着也是闲着"。这句话像一根尖锐的刺，扎得人浑身不舒服。

大四下学期，除了要准备毕业论文答辩事宜，还要参加各种宣讲会、招聘会、找实习工作，每天都忙得热火朝天。周六好不容易闲下来了，买来几包零食坐在宿舍里看电影放松一下。

这时隔壁宿舍的同学过来串门，看见我正在看电影，就把她手里的一沓文件塞给我："这次我们的论文不是要写个英文的序言吗，我英文真的很差，你帮我写吧！"

听到她撒娇的口气，我正笑着准备答应，就听到她补了一句："反正你闲着也是闲着。"她那句话一出口，我就觉得仿佛吞了一只苍蝇一般，有种难以言喻的心情。

虽然有时候是说者无心，听者却是有意的。你无意中说出的话，常常能伤人于无形。人人都需要被尊重。别人帮你是情分，不帮你是本分。请人帮忙的时候，不要顺便贬低别人。很多人不会说话，其实是由于太过自我，只顾着做一个说话的人，忽略了听话人的感受。

只说该说的话，那些带刺的语句，不如让它烂在肚子里。

03. 你说话直，我没有义务担待着

很多人喜欢说话不经过大脑，事后又希望对方理解自己只是说话直，是一种坦率。但别人又有什么义务受了你的气还得赔着笑呢？

我以前有个很好的朋友，后来渐渐跟她疏远了，就是因为忍受不了她所谓的"说话直"。

她每次用"我说话直，你别介意啊"作为开头，我就整颗心一沉，知道又要被她冷嘲热讽一番了。上网看中了一件森林

系的棉布裙，兴致勃勃地发给她，问她好不好看，她劈头盖脸地回了一句："我说话比较直，这种类型的衣服，只适合瘦瘦小小的女生穿吧？你离瘦瘦小小的距离，未免也太大了点。"

毕业季纠结着要考研还是找工作，苦恼再三问了周围一大群人的意见。其他人都中肯地帮我分析了其中的利弊，只有她说："恕我直言，你们那种专业还有必要念研究生吗？又不是理工科，考了也没用吧。"

过年回老家，和她还有一大群老同学一起去拜访以前的老师。老师看到我时，笑眯眯地感谢我每年春节都给她发祝福短信。我朋友听到这句话又开口了："那是，谁也没她会拍马屁呀，不然怎么以前老师那么偏爱她呢。"看到我骤然变色的脸，她就笑嘻嘻地补了一句："我说话直，别介意啊。"

被她一次又一次伤害了之后，我总算想通了：为什么她不能对我委婉一点呢？为什么她一定要对我说话这么难听？因为我并没有重要到需要她说话三思的程度。她把我当成可有可无的朋友，才舍得用这句"我说话直"来反复伤害我。

喜欢以这句话作为开场的人，将自己毫不考虑他人的行为归结于性格直爽，将别人受到冒犯后的不满归结为小肚鸡肠。很多人用"我说话直"作为盾牌，肆无忌惮地用言语伤人，其实，那是一种自私和幼稚。你说话直，我没有义务担待着。

结语

蔡康永说过："你说什么样的话，就是什么样的人。"一个成熟的人，绝对不会用这三句话来伤人。这三句话一说出口，有些事情，就彻底无法挽回了。说话可以暂停，甚至可以快进，但永远也不能倒带。

伤人的话语，也许你说过就忘了，但被你伤害过的人，也许永远也无法痊愈。好好说话，需要充分考虑对方的感受，学会换位思考。

这是一种修养，更是做人基本的原则之一。

聊天时的这三个细节，真的很加分

表弟最近在追一个女生，他们刚认识不到一星期。

前天他来找我诉苦："姐，为什么那个女生总是不理我？我发消息她都不怎么回。"我让他把聊天记录截图给我看看。看了没几行，就觉得满屏幕的尴尬都快溢出来了，而表弟这个钢铁直男却毫不自知。

比如，聊天时总喜欢问女生"在吗？"女生说自己在健身房锻炼，委婉地表示了自己没空聊天。表弟却不识趣地继续说："那发张自拍过来看看呗。"再比如，女生的朋友圈里都是跟二次元相关的图片、音乐，表弟不怎么了解，却硬要尬聊：

"我觉得你和我的小堂妹一定很聊得来。"

"为什么？"

"因为她平时最喜欢看《喜羊羊和灰太狼》。"

"???"

在聊天这件事上，表弟的印象分都要被扣光了。

有人说：所谓的情商高，就是会说话。总有人在聚会、聊天时，扮演着"冷场王""句点王"，分分钟把天聊死。而另一些人，却总能带动话题，炒热气氛，让人觉得和其说话甚是愉快。

当你在聊天时能注意这三个细节，你的印象分往往会得到大幅度提升。

01. 切勿以自我为中心

大学时曾经历过一段特别低落的时期。家里发生的事情、学业上的压力，无一不在摧毁着我脆弱的神经，让我只想好好找个人倾诉一下。我打电话给高中时期的好友，话刚开了个头，对方就打断了我："是啊是啊，我最近烦心事也特别多。我男朋友吧，他总是……"

当我听了她一个多小时的抱怨，准备跟她讲讲我的事时，她说："不好意思啊，太晚啦，我得去洗澡了，我们改天聊。"我的心情更低落了。

后来，当我将我的心事告诉另一个好友时，她什么都没说，只是静静地握着我的手。听完了整件事后，她给了我一个拥抱。我们直到现在都还是很好的朋友。有时候，学会用心倾听别人，比一切安慰都有用。

每个人都想表达自己，但如果你在聊天的时候，能摒弃"以自我为中心"的思想，多站在对方的角度，真的会很加分。

纽约电话公司曾经做过一个有趣的调查：在电话中，哪个词出现的频率最多？结果，他们吃惊地发现，在 500 个电话谈话中，使用了 3950 次的词，竟是第一人称的"我"。

在人际交往中，人们总有一种"想要别人对我感兴趣"的心理趋向。但就像蔡康永所说："聊天的时候，每个人都是朕，每个人都只想聊自己。"

你讲了自己的经历，或者对某件事的看法，然后加上"你呢""你觉得呢"，把话题丢给对方，让对方也有表达的空间和权利，你会变得可爱很多。

做一个善于倾听的人，鼓励别人谈论他们自己，这是让别人喜欢你的方式之一。

02. 不要做闭环回答，回答要让人接得住话

以前认识一个人缘很好的姑娘，和她相处起来感觉如沐春风。

周围的人提起她，大家都有相同的感受，就是：跟她聊天，不用刻意制造话题，因为每次总能和她有聊不完的话。任何话题丢给她，都不必担心冷场。聊天中，不让对方无话可说，其实也是一种温暖贴心的举动。

《蔡康永的说话之道》中，就有这样一个例子：初次约会，小戈对古古聊起了他最爱看的篮球赛：

"每次在网络上下注，只要有湖人队，我就一定赌湖人队赢。"

古古说："哦，我觉得篮球最无聊了。"话题马上就终结了，场面一定相当尴尬。即使古古对篮球丝毫没有兴趣，也不想听男生继续聊篮球，那她也可以这样接话：

"那小戈你一定常常熬夜看球赛咯？"——接下来就可以进一步聊他的生活作息了。

"那小戈你都下多大的注？"——接下来就可以进一步聊他的金钱观了。

"那你看球赛的时候，你以前的女朋友都不会抱怨吗？"——接下来就可以进一步聊他的感情史了。

遇上对方提起了一个你完全不想接的话题，不必急着抵抗，

可以巧妙地把对方热衷的话题连接到另一个方向。接住别人的话题，而不是每次回答都是简短的"哦""嗯"。

言语上的敷衍，实在让人难以相信你在聊天中带有诚意。

03. 好事以坏事收尾，坏事以好事收尾

在综艺《真正的男子汉 2》中，有这样一个细节：

饭后，班长问大家吃得怎么样，不知道是谁说了一句："一般。"杨幂听到了，就乖巧地说："我觉得吃得很好，还有绿豆汤。"接着半开玩笑半提要求地说，"就是希望下次绿豆汤可以续杯。"说完还害羞地笑了一下。

虽然是提出需求，但她却用了一种柔软又让人容易接受的方式。日本作家吉田照幸在《成为有趣人的 55 条说话公式》中，提到这样一种观点：想要让聊天更加开心，可以尝试说话时"好事以坏事收尾，坏事以好事收尾"。

比如说，A 要跟 B 分享他遇到的一件好事时：

A："我今天在百货公司的活动中抽到了一等奖！"（好事）

如果话题在此结束，会有点炫耀的意味，于是 A 就接着说：

"可是一等奖是 10 公斤的大米，我扛着它坐地铁回家，重死了。"（坏事）

同理，如果要跟别人分享不好的事情，可以用好事结尾。

A："昨天坐公交车回家，突然车子出了故障，停下不走了。"（坏事）

如果你此时继续抱怨个不停，听话人想必也会觉得心很累。于是，A 继续说：

"因为车子一直没有发动，我想算了，直接下车找个地方喝

酒，结果去到一间超棒的店。下次一起去吧？"（好事）

像这样，好事以坏事收尾，坏事以好事收尾，不但能增加谈话内容的戏剧性转折，还不会让对方有不愉快的感觉。提要求前先提出赞许，自夸中加入自嘲的要素，抱怨后不忘说点好事。这样聊天，真的很加分。

本·琼森说："语言最能暴露一个人，只要你说话，我就能了解你。"做一个会说话的人，首先就要多积累、多思考。只有不断地去接触和学习新事物，积累知识、整合知识，变成自己的东西，才能不断输出。

结语

而在聊天过程中，同理心才是最终的秘诀。当你认为别人的感受和你自己的一样重要时，气氛才会融洽。每个人都有表达的欲望和被认可的期待，聊天就是让这种欲望释放的时刻。

会聊天，就是心里装着对方，而不是只关注自己。愿你我都能学会这三个聊天技巧，为自己加分。

情商高的人，从不说这四句话

01

在微博上看过人类实验室拍摄的一个视频短片。

他们邀请了三位形象鲜明的嘉宾，分别是：COSPLAY 装扮的小姐姐，扮演的是王者荣耀里的貂蝉；全身布满文身的中年男人，眉宇间似乎带点凶狠；身材丰满性感的年轻女性，声称自己由于工作的原因，经常白天睡觉，晚上工作。

实验室招募了二十位路人，让他们戴上面具，对这三位嘉宾做出评价。

他们对玩 COSPLAY 的小姐姐是这样评价的："二次元的世界很乱的。""装可爱。"

对全身布满文身的中年男人是这样评价的："可怕。""没读过什么书吧？一看就没什么文化的样子。""暴力倾向。"

最过分的是，他们对那位性感的年轻女性是这样评价的："看起来男朋友无数啊。""不正经，不像好女孩。"

评论结束，三位嘉宾才有机会讲述真实的自己。原来，玩 COSPLAY 的小姐姐是一名小学的音乐教师，特别享受和孩子们相处的过程，性格单纯，所以喜欢二次元；原来，全身布满文身的中年男人是一名职业文身师，平常经常去流浪狗救助站做义工；原来，身材性感的年轻女性是一名夜间看护，主要负责病人晚上的照看。因为单身，所以喜欢花时间打扮自己，好迎接另一半的到来。

当这三位嘉宾看到二十位路人对他们的评论时，有的情绪失控流下眼泪，有的黯然离场。

语言暴力究竟有多可怕？阮玲玉的遗书里曾写道："我一死何足惜，不过还是怕人言可畏。"人言可畏，可畏在于你只是动了动嘴皮子，就能往他人心上扎一刀。

对你来说不痛不痒、丝毫不在乎，而他人却需要花很长一段时间才能痊愈。一张嘴的杀伤力堪比核武器，你永远也无法估量你的一句恶语会给别人带来多少伤害。

02

《柔软对话》这本书里曾列举了十一句最伤人的话，我列举了其中四句。你曾说过哪几句？

①"你不懂。"

这句话听起来充满轻侮，几乎可以听见句尾有个逗号，接在后面的是没有说出声的鄙视。

不论这句话是说给谁听的，听起来就像被人低估了理解能力一样，同时也充满了敷衍打发的感觉。

②"不关你的事。"

这是一句相当霸道的话，也是一种另类的语言暴力。这句话听起来刺耳的原因就是，将他人的关心嗤之以鼻，毫不客气地叫人闭嘴，拒人于千里之外。

③"你还要我怎么办？"

逃避责任的话却说得义正词严，用来掩饰自己的恼羞成怒。

④"你从来不……""你老是……"

这是最大的谎言，简直是一竿子打翻一船人。孩子真的"从来不"打扫房间吗？你的另一半真的"老是"迟到吗？这么说其实是夸大责难、借题发挥，显然很难与事实相符。

雨果说过这样一句话："激烈的言辞彰显了薄弱的理由。"心理学中，有个概念叫作"语言虐待"。语言虐待不如身体虐待容易引起注意，因为看不见伤痕、留不下证据。然而，它的伤害可能比身体虐待更加严重。

有这样一组数据：平均每二十个人就有一个人遭受过语言暴力，每五十个人就有一个人因语言暴力导致心理疾病，轻者患有社交障碍，重者有杀人和自杀行为。

情商越高的人，越不会用语言暴力来伤害别人。如果你懂得适当地遣词造句，不至于引起口角、抵抗，造成对别人的伤害，你与他人冲突的可能性降低，压力自然也会大大减小。

03

俄国作家契诃夫曾经说过："如果不能用柔软的话去征服对方，那么也就无法用严肃的话去征服任何人。"

提高情商，你需要学会柔软对话的力量。柔软对话是一种温柔的沟通之道，通过说话的技巧来减少人际交往中的冲突、紧张形势和无实质意义的辱骂，从而达到自己的沟通目的。

学会柔软对话，第一步要懂得控制冲动情绪，不要随意指责他人。曾经看过这样一则新闻：夫妻吵架情绪失控，妈妈将五个月大孩子抛下楼后跳楼。

白天时，因妻子没留神，让孩子从床上掉了下来，丈夫就开始了指责："你不上班，在家连孩子都看不好。"当晚丈夫参加完同学的婚礼回来，俩人又开始了激烈的争吵。

随后，妻子被愤怒冲昏了头脑，将自己五个月大的孩子扔下五楼，自己也从五楼跳下。这样一场悲剧，本来是可以避免的。有时候仅仅是只言片语，你最爱的人也会被你伤得体无完肤。

一个高情商的人，必定能够体察自己的情绪，控制和管理自己的言语。学会退步忍让，凡事三思而后行，遇到矛盾冲突时，不要为一点小事大动肝火、随意指责。当生气想发怒时，首先强忍下来，不作任何反应，等过了一段时间之后，再回过头来考虑和处理这件事。

结语

柔软对话，也是一种力量的表现。一个人的高情商，根植于为他人着想的善良中，知道别人的不易、懂得用同理心换位思考，不会用语言伤人。当语言暴力没有发生在你身上的时候，你觉得没什么。只有当你切身体会之后，你才会明白那种刺痛。

嘴下留情，为别人，也为自己。好好说话，才是最高级的情商。

生活中的三个细节，能出卖一个人的人品

看到过一篇关于李叔同的文章，深有感触：

李叔同早年做音乐教师的时候，有一次上课，一个学生在下面看闲书，另一个学生则随地吐痰。李叔同当场看见了却默不作声。下课后，李叔同请那两位同学留下来，轻声对他们说，下次上课不要看闲书或随地吐痰。两个学生刚要申辩，李叔同向他们鞠了一躬，两学生顿时满脸通红。

人品极好的人，才具有这样震撼人心的力量。他能以柔克刚，让矛盾化解于无声，无论走到哪，都会自带光芒。

有人说：细节见人品。一个人平时伪装得再好，也会被不经意间的细节出卖。人品极好的人，绝不会做这三件事。

01. 绝不会将自己的责任推卸到别人身上

大四实习的时候，我天天跟着办公室里负责带新人的薛姐，遇到不懂的问题就向她请教。

每次薛姐都会很有耐心地教我，我对她充满了感激，觉得自己刚踏入职场就能遇到这么好的前辈，实在是一种幸运。直到那天发生的一件小事，彻底改变了我对她的印象。

周一，主管叫我和薛姐去他办公室，他指着 PPT 里的一个数据，质问我为什么会犯这么低级的错误？随后，他又开始指责薛姐没有教好新人，让他发给客户后丢尽了脸面。

我当时有点不知所措，因为虽然 PPT 是我做的，但是里面的数据都是我把 PPT 发给薛姐后，薛姐自己填上去的。在这件事情上，我并没有任何错误。我咬了咬嘴唇，偷偷看了眼薛姐，内心期盼着她能帮我说几句话。没想到，薛姐竟开始厉声训斥我："怎么回事？这个数据我不是让你改了吗？你到底怎么做事的？"

我被骂懵在原地，半天没回过神来，想必我当时的表情，一定比哭还难看。那件事之后，薛姐并没有跟我道歉，我也尽可能地避免与她接触。

人在遇到危难的时候，都会选择趋利避害，这我能理解。但是你拼命甩锅的样子，真的很难看。

一个人品极好的人，绝不会将自己的责任推卸到别人身上。作家桌子说过这样一句话：一个人的人品怎么样，就看他和你有利益冲突的时候。当一个人为了维护自己的利益不择手段地推卸责任，这种人的人品，实在令人不齿。

02. 绝不会对外人谦谦有礼，对自己的父母却没有基本的耐心

在大学里见过形形色色的人，给我留下深刻印象的，小芬是其中一个。平时见到她，她总是略带腼腆地跟我们打招呼，说话细声细气，让人心生怜惜。有一天，在教室旁的洗手间隔间里，我听到了她扯着嗓子打电话的声音："你懂什么？别这么老土好不好？叫你汇钱你就汇，别问那么多。"

我在隔间大气都不敢出，从来没有听过小芬用这么凶狠的声音跟人讲话。她的下一句话更让我大跌眼镜："行了，爸，我挂了。下次别老是打电话给我，很烦。"

其实在开学初的时候，我去隔壁宿舍串门，见过一次小芬的父母。她爸爸穿着一件洗得发白的旧上衣，不停地拿手绢擦头上的汗。黝黑的两颊深陷进去，满脸深深的皱纹和衣服的褶子连成一片。

她父母看到我，热情地拿出一袋用红袋子装的地瓜干请我吃，我连连摆手。旁边的小芬一脸尴尬，看向父母的神情中隐隐地透出一股不耐烦。想到与她父母见面的场景，再对比她在电话里说话的语气，感觉有点心酸。人性是复杂的，太多人有两张面孔，试图用一个或几个简单的指标去衡量一个人是没用的。

但一个人品极好的人，绝不会对外人谦谦有礼，对自己的父母却没有基本的耐心。我们时常会对父母非常苛刻，对他们提出很多无理的要求，当自己的要求得不到满足，我们就会歇斯底里地对他们发泄愤怒。

只有最亲的人才会无休止地包容你，这份包容不应该被肆无忌惮地挥霍。

03. 绝对不会将自己的负面情绪发泄在他人身上

在知乎上看到过一个问题：如何判断一个人的人品？

点赞第二高的回答是：判断一个人的人品，不是看他好起来做什么好事，而是看他坏起来不做什么坏事。

之前在微博上刷到这样一条新闻：女子投诉快递员被恶意报复，遭强行入室毒打成重伤。王女士的快递在本人没有收到的情况下，以"本人签收"的名义被进行了处理。在与快递员电话沟通无果后，她向快递公司投诉了该名快递员。

但是，在发起物流投诉不久，她就收到了那名快递员发来的充满愤怒的短信，以及在电话里充斥着脏话的辱骂。因为无法接受突如其来的辱骂，她在电话中表示将继续投诉。令她没有想到的是，在挂断电话的二十分钟后，那名快递员手持一块石头冲到自己家中，用石头狂砸自己的头部、背部，并对自己拳打脚踢，导致她意识不清、浑身鲜血。

这篇新闻看得我心惊肉跳。对于一些人来说，戾气就像三观一样深入骨髓，主宰着他们的行为。

但是，人品极好的人，绝对不会将自己的负面情绪发泄在他人身上。他们不会在被请求扫码时，用脏话辱骂对方、抢夺对方的手机，最后将其推下地铁；他们不会因车不小心被路边的修车工刮了一下，就立即对其拳打脚踢；他们不会在各类网络平台上一言不合就开撕，动辄怼天怼地。

凯鲁亚克说："在一个极端的社会里，温柔显得极其珍贵。"一个人品极好的人，绝不会被戾气所控，因为他们的温柔与耐心已深入骨髓。白岩松说过："人品是最高的学位，德与才的统一才是真正的智慧，真正的人才。"

结语

当一个人推卸责任的时候，他将彻底失去别人的信任；当一个人用粗暴的态度对待自己的至亲的时候，他会失去别人的尊重；当一个人被戾气所控的时候，他离失败不远。

一个人的人品好坏，时间总是能给出正确的答案。而在生活的这些细节里，藏着你的人品。